江田智昭が語る

お寺の掲示板人

もくじ

はじめに

近年、数多くのメディアで「お寺の掲示板」が話題になっています。これは主に、「輝け！お寺の掲示板大賞」という企画の影響によるものです。私はその企画を立ち上げた当事者ですが、昔から「お寺の掲示板」に興味をもっていたかというと決してそうではありません。実家のお寺には物心つく前から境内に掲示板が設置されており、毎日その前を通っていましたが、正直なところ、小さな頃の私にとって、「お寺の掲示板」は風景の一部にすぎませんでした。

そのような私が、全国のお寺の掲示板の言葉を数多く読むことになるとは、思ってもいませんでした。二〇一八年から掲示板大賞を運営している関係で、この五年間で一万以上の全国のお寺の掲示板の言葉を読んできました。そして、さまざまな宗派の掲示板の言葉をダイヤモンド・オンラインで解説しはじめたところ、累計二百万ページビューを超える人気長期連載となり、それは『お寺の掲示板』・『お寺の掲示板諸法無我』というタイトルで新潮社から書籍化されています。現在、私自身が超宗派の団体である（公財）仏教伝道協会に所属しており、投稿されてくる掲示板の言葉もさまざまな宗派のものであるため、連載や書籍に関しては、浄土真宗だけに偏らない解説を心掛けて書いています。

とはいえ、「掲示板大賞」の投稿作品をチェックしてみると、作品の八～九割は浄土真宗のお寺によるものです。どうしてここまで偏るのかはよくわかりませんが、他宗派に比べて浄土真宗は昔から掲示伝道に積極的であることは間違いのない事実だと思います。そこで、浄土真宗本願寺派寺院の掲示板の言葉に特化しつつ、一万以上の掲示板の文言を読んだからこそ気づいた掲示伝道の実践法などを盛り込んだ本が作れないかということで、今回この本が完成しました。

前半では、掲示板の文言の紹介と解説をしています。さまざまなジャンルがありますので、言葉とみ教えを味わっていただければ幸いです（内容の一部は『大乗』（本願寺出版社）での連載「ご機言！お寺の掲示板」を加筆訂正したものになっています）。後半では、「魅力あるお寺の掲示板とは？」というテーマで書かせていただきました。当然のことながら、掲示板の言葉に正解は存在しませんが、正解がない中で、言葉をどのように選び、ＳＮＳなどと連動させてどのように拡散させていくかなど、掲示伝道を実践する上でのヒントになればと思います。

これまでに掲示伝道に関する句集は数多く出版されていますが、このような形で掲示伝道について考察する書籍はなかったのではないかと思います。この本を読むことによって、浄土真宗のみ教えの素晴らしさや「お寺の掲示板」の魅力に気づく人が一人でも増えれば、これ以上嬉しいことはありません。

江田 智昭

なぜいま「お寺の掲示板」なのか？

●「掲示伝道」のはじまり

お寺の門前に設置された掲示板にメッセージが書かれたものをごらんになったことがあるでしょうか？「お寺の掲示板」に法語やメッセージを掲示することを「掲示伝道」といいます。

掲示伝道が一体いつから始まったのか？　この問いに答えられる人はおそらくいません。なぜなら、掲示伝道の歴史を具体的に研究した研究者は今のところいないからです。

先日、私は『掲示伝道文集』（聖泉社）という書籍を入手しました。それは、一九三一（昭和六）年に僧侶の木本學禪師によって著されたものです。

本の冒頭、著者の木本師自身が掲示伝道を始めたのが一九二一（大正十）年だったとあります。さらに、「（その頃、滋賀県の）郡の仏教連合会の総会では、各寺院の前に掲示板を建設して、仏語を主として掲げ、以て社会教化に資することが決議された」と書かれていました。このことから、百年前には既に多くの僧侶たちが、積極的に掲示伝道を推進しようとしていたことがわかります。

そもそも「お寺の掲示板」は、掲示板の前を通りかかる人にしか情報を伝えることができない、実にアナログな媒体（メディア）です。今から百年前、テレビやラジオもなく、世間の情報が現在より圧倒的に少なかった時代には、有効な伝道方法だったのでしょう。

そのころから多くの寺院が掲示伝道を積極的に行ってい

ましたが、時代を経るにつれて、お寺の掲示板の存在感が徐々に薄れてきました。その結果、掲示板は法要行事のスケジュールを載せるだけのものになりつつあったのです。

●「掲示板大賞」の出現

そのような状況を少しでも改善したいと思い、二〇一八年に立ち上げた企画が「輝け！お寺の掲示板大賞」でした。これは、お寺の掲示板の言葉をツイッターやインスタグラムなどのＳＮＳ（ソーシャル・ネットワーキング・サービス）に投稿してもらい、そのなかから賞を決めようというものです。この企画は、掲示板というアナログなメディアとＳＮＳというデジタルなメディアをミックスさせる試みだと言えます。

「お寺の掲示板大賞」の登場によって、掲示板の前を通りかかる人だけでなく世界中のＳＮＳユーザーが、お寺の掲示板の言葉を読むことが可能になりました。また、この企画はテレビ、ラジオ、新聞などのメディアでも取り上げられ、多くの人びとにお寺の掲示板の言葉に興味を持ってもらう契機となりました。

このような影響もあり、二〇一九（令和元）年十二月には「知恵蔵ｍｉｎｉ」に「お寺の掲示板」という項目が付け加えられました。

「知恵蔵」とは、朝日新聞社が提供している現代用語事典です。「掲示伝道」自体には百年以上の歴史があるとお伝えしましたが、二〇一九年に現代用語として掲載されたところを見ると、世間一般的には「お寺の掲示板」や「掲示伝道」は極めて最近のものという認識なのです。

●お寺の掲示板のことばは国境を超える

SNSに投稿されたお寺の掲示板の言葉は、いまや中国語に翻訳され、海を超えた中国のネットメディアでもたびたび話題になっています。実際に中国のネットメディアの記事を私も読みましたが、そこには「掲示伝道の取り組みを行っている日本のお寺は素晴らしい。もっと中国の僧侶たちは見習うべきである」という意見が多数寄せられていました。

このように「お寺の掲示板大賞」が中国のネットニュースやSNSなどで話題になった影響もあり、二〇一九（令和元）年十月に福建省仏教協会のシンポジウムに招かれ、そこで「掲示板大賞」の取り組みについて発表する機会がありました。

その際の中国の人びとの反応を見ていると、掲示伝道は日本の仏教界が生み出した誇るべき伝道方法ではないかと、あらためて思うようになりました。

●掲示伝道は最も拡散が期待できる布教法である

掲示伝道は日本の仏教界の先人が生み出し、工夫を重ね、受け継いできたものです。本堂内での布教に比べると、掲示伝道はかなり軽視されていることは否めませんが、もっと日本の仏教界で掲示伝道の重要性が見直されてもよいのではないかと、私は感じています。

お寺の掲示板を使った布教は、もはや時代遅れの古いものではありません。むしろSNSと組み合わせることによって、今後、最も拡散が期待できる布教方法であると言えるのです。

自分のあり方を問う

第一章のテーマは「自分のあり方を問う」。これはお寺の掲示板の言葉の中でも、最もスタンダードな部類のものでしょう。掲示板に書かれた短い一言は、目の前を歩いている人びとの心をとらえ、自身のあり方を見つめ直すきっかけを与えてくれます。

仏法は、自分自身の姿を映す鏡とよく言われます。掲示板の言葉も目の前を通りかかった人に対して問いを発し、その人たちにとって、鏡の役割を果たします。心にグサッと刺さるものからクスッと笑えるものまで、非常に幅広いところが掲示板の言葉の魅力だと言えるでしょう。

大分県／雲西寺

貴方ならどうする

貴方ならどうする。シンプルなメッセージですが、仏教では「自分だったら果たしてどうするか？　自分はどうなのか？」を常に自身に問うことが大切とされています。『法《ほっ》句経《くきょう》』の中に以下のような言葉が出てきます。

他人のしたこととしなかったことを見るな
己のしたこととしなかったことを見よ

このことが大事だとわかってはいても、ついつい「他人のしたこととしなかったこと」ばかりを気にしてしまうのが私たちかもしれません。

ある僧侶が法話会でお寺を訪れた際の出来事です。法話が終わると、すぐにお寺の人がおしぼりを持ってきて、「素晴らしいお話でした。今日の話を聞きながら、うちの嫁さんは耳が痛かったのではないでしょうか」と言われたそうです。

その後、今度は別の人がお茶を運んできて、「今日の話はさぞかしうちのお姑さんには耳が痛かったでしょう」と。これは、自分自身を見つめ、自分事として法話を聞くことの難しさを表したエピソードだと言えます。

周囲のことを批判の目で見ていると、自分自身の姿が見えなくなってきます。批判していることに酔ってしまい、己の姿を見失ってしまうのです。そして、せっかくの法話（教え）も自分事ではなく、他人事にすり替わってしまいます。

善《ぜん》導《どう》大師が『観経疏《かんぎょうしょ》』の中で「経教《きょうきょう》はこれを喩《たと》ふるに鏡《かがみ》のごとし」と説かれたように、教えは自分自身の姿を省みるための鏡の役割を果たします。もちろん、自分のダメなところを見ることは非常に嫌なことですが、このことから決して逃げてはなりません。

お寺の掲示板には自分にとって耳の痛いことがたくさん書かれていますが、その言葉を基に他人を攻撃するのではなく、あくまで自分がどうなのかを考える。このことを強調するために、あえて最初にこの掲示板を紹介させていただきました。これから続く掲示板の言葉と文章を読みながら、「自分は果たしてどうなのか？」を常に問い続けてみてください。

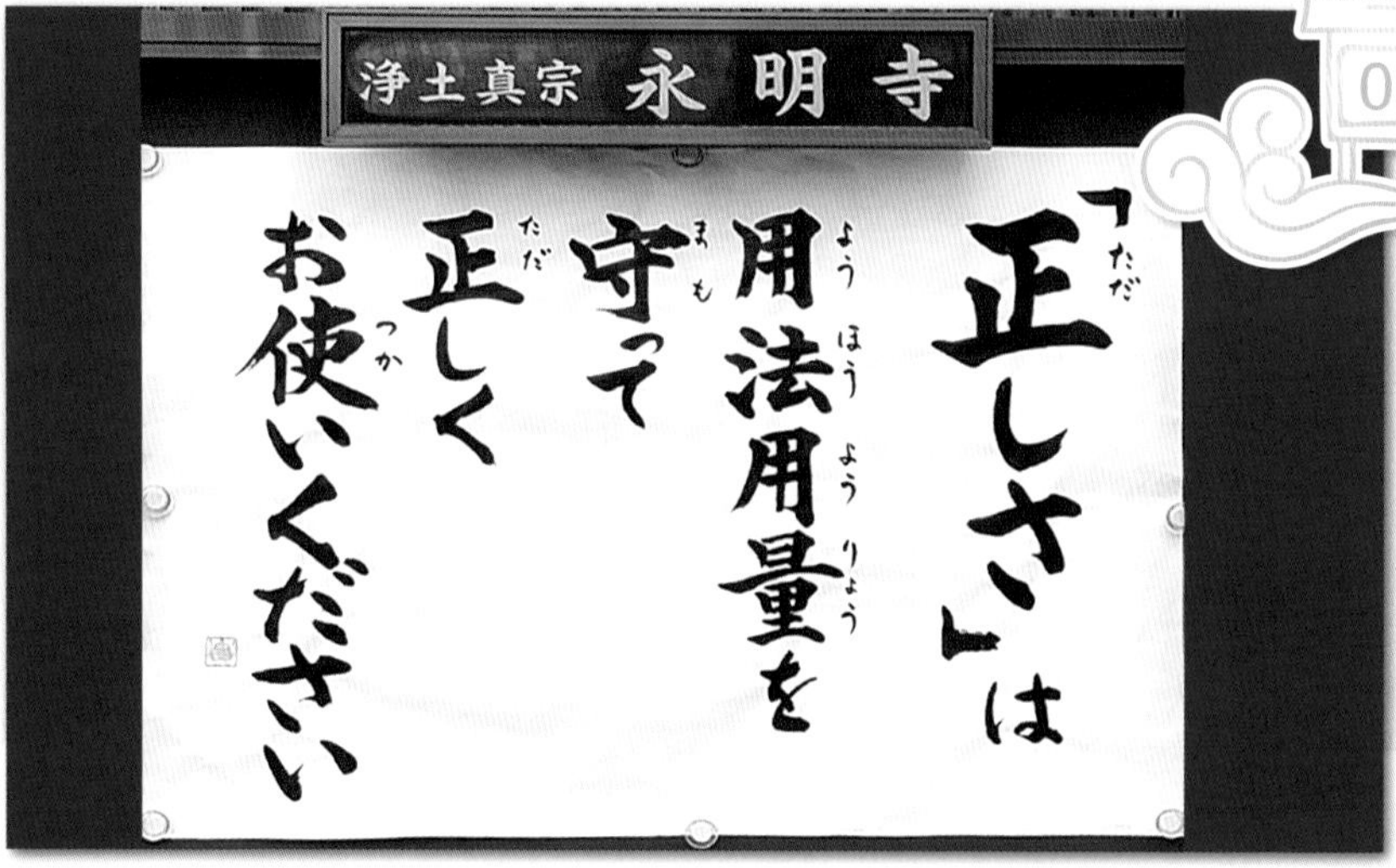

福岡県／永明寺

「正しさ」は用法用量を守って
正しくお使いください

「用法用量を守って正しくお使いください」という言葉は、薬品のＣＭなどでよく耳にする定型句です。みなさんも、このフレーズをいままでに何度も聞いたことがあるのではないでしょうか？

ここでは「薬」ではなく、「正しさ」になっています。私たちはいつも「正しさ」を根拠にして振る舞いますが、しばしばそれは他者を傷つける要因にもなります。歴史を振り返ってみると、自らの「正しさ」を確信した人間によって、これまで多くの残虐な行為が繰り返されてきました。

私は七年前に、数多くのユダヤ人たちが虐殺されたアウシュビッツの強制収容所を訪れました。現地でガイドの解説を聞きながら、あまりの残虐さに戦慄が走ったことを覚えています。しかし、当時のナチス・ドイツの人たちからすれば、ガス室での虐殺行為は当たり前の「正義」であり、「善」だったのです。この時ほど「正しさ」を淡々と行使する人間の恐ろしさを実感したことはありませんでした。

私たちが考える「善・悪」とは、「自分にとっての善・悪」でしかありません。それは立場によって大きく異なるものであり、決してあてにならないものです。親鸞聖人は『歎異抄《たんにしょう》』の後序《ごじょ》の中で「善悪《ぜんあく》のふたつ、総《そう》じてもつて存知《ぞんじ》せざるなり」とおっしゃっておられます。これは「何が善であり、何が悪であるのか、そのどちらもわたしはまったく知らない」ということです。

物事に白黒をつけることができない状態は決して気持ち良いものではありません。イギリスのロマン主義の詩人ジョン・キーツは「ネガティブ・ケイパビリティ」という言葉を残しました。それは「答えの出ない状況に対して、答えを出さないままに耐える力」を指す言葉です。すぐに白黒をはっきりつけたくなる気持ちは理解できますが、世の中の物事はそんなに単純ではありません。

み教えを聞かせていただくことは、自分の知恵や判断を過度に信用しない謙虚な態度につながります。み教えを通して、己の善悪のものさしがあてにならないことを痛感する。これを繰り返すことによって、「正しさ」の濫用が防がれていくのです。

東京都／築地本願寺

雑草という名の草はない
害虫という名の虫はいない

「雑草という名の草はない」とは、植物学者の牧野富太郎博士の言葉とされています。作家の山本周五郎さんから「雑草」という言葉が飛び出した際、「雑草という名の草はない。どんな草にだって、ちゃんと名前がついている」と発言されたそうです。

また、生物学者でもあった昭和天皇はある時、この言葉を引用され、「人間の一方的な考え方で、雑草として決めつけてしまうのはいけない。注意するように」とおっしゃったというエピソードが残されています。

確かにどんな草にもしっかりと名前が付けられています。「雑草」という名称は、傲慢な人間中心主義的な心性の表れと言えるかもしれません。「害虫」という名称も同様です。人間にとって役に立つものとそうでないものを区別し、少しでも害をもたらすものを一方的に「害虫」と名付けているのです。

人間から「雑草」や「害虫」と勝手に名付けられたものたちも「いのち」を輝かせて現在を精一杯生きており、その「いのち」のつながりの中で私の「いのち」が存在します。


『歎異抄』の中で親鸞聖人は「一切《いっさい》の有《う》情《じょう》はみなもつて世々生々《せせしょうじょう》の父母《ぶも》・兄弟《きょうだい》なり」とおっしゃっておられます。これは、「一切の生きとし生けるものはいままでに何度も生まれかわる中で父母や兄弟姉妹となり、すべてどこかでつながっている存在である」という意味の言葉です。

わたしの「いのち」は決して身近な人びととだけつながっているのではありません。ですから、親鸞聖人は父母兄弟のためだけに念仏を申したことはないと『歎異抄』の中でおっしゃっておられるのです。


「雑草」の呼び名を批判した牧野富太郎博士は以下のような言葉も残されています。

人間は植物が無くては生活の出来ぬ事である。……つまり人間は植物に向こうてオジギをせねばならぬ立場にある。（『牧野富太郎　植物博士の人生図鑑』平凡社）

わたしたちは実に数多くの生きものに囲まれながら生活を送っています。どんな生きものの「いのち」ともつながりを持ち、オジギをせねばならぬ立場にあること（おかげさまの気持ち）を忘れないようにしながら、生活を送りたいものです。

東京都／築地本願寺

墓参り　合掌した手で蚊を殺す

夏の墓地に蚊はつきものです。いくら念入りに虫よけスプレーをかけていても、必ず何らかのタイミングで蚊が寄ってきます。そのような状況の中、思わず蚊を殺してしまったという人はかなり多いのではないでしょうか？

私も小さい頃から毎年お盆の時期にはお墓の掃除をしていましたので、大変申し訳ないことに、多くの蚊を墓地で殺してしまっています。

　前のページでもお伝えしたように、「私のいのち」も「蚊のいのち」もつながっていて、おかげさまで成り立っています。つまり、無駄ないのちなどはこの世に存在しません。とはいえ、いざ蚊が身体にとまって、血を吸っているところを目撃すると、反射的に叩いてしまうことがあります。

頭では「いのち」の尊さを理解していても、身体にとまった蚊はためらいもせず叩いて殺してしまう。結局のところ、「自分に害をなすいのちは軽視しても構わない」というのが人間の本性であり、蚊に対する振る舞いは、そのような本性の発露だと言えるかもしれません。私たちはこの本性を巧みに隠しながら、日常生活を送っているのです。

しかし、理性を失い、そのような本性がむき出しになってしまった人もいます。以前私は、人間を殺してしまった人の裁判を何度か傍聴したことがあります。凶悪な殺人犯を自分とは全くかけ離れた人間だと思っている人が多いかもしれませんが、私の目の前に立っていた彼らは、社会のどこにでもいそうな普通の人たちでした。

法廷の傍聴席に座りながら、「殺人者はそれほど自分からかけ離れた存在ではない」と感じたと同時に、村上春樹の小説『アフターダーク』(講談社)の以下のセリフが頭をよぎりました。

私らの立っている地面というのはね、しっかりしているように見えて、ちょっと何かがあったら、すとーんと下まで抜けてしまうもんやねん。

親鸞聖人もおっしゃっていますが、私たちは縁によって何をしでかすかわからない存在です。自分が絶対的に信頼している理性は、聞法を重ねれば重ねるほど、実に危ういものであると気づかされるのです。

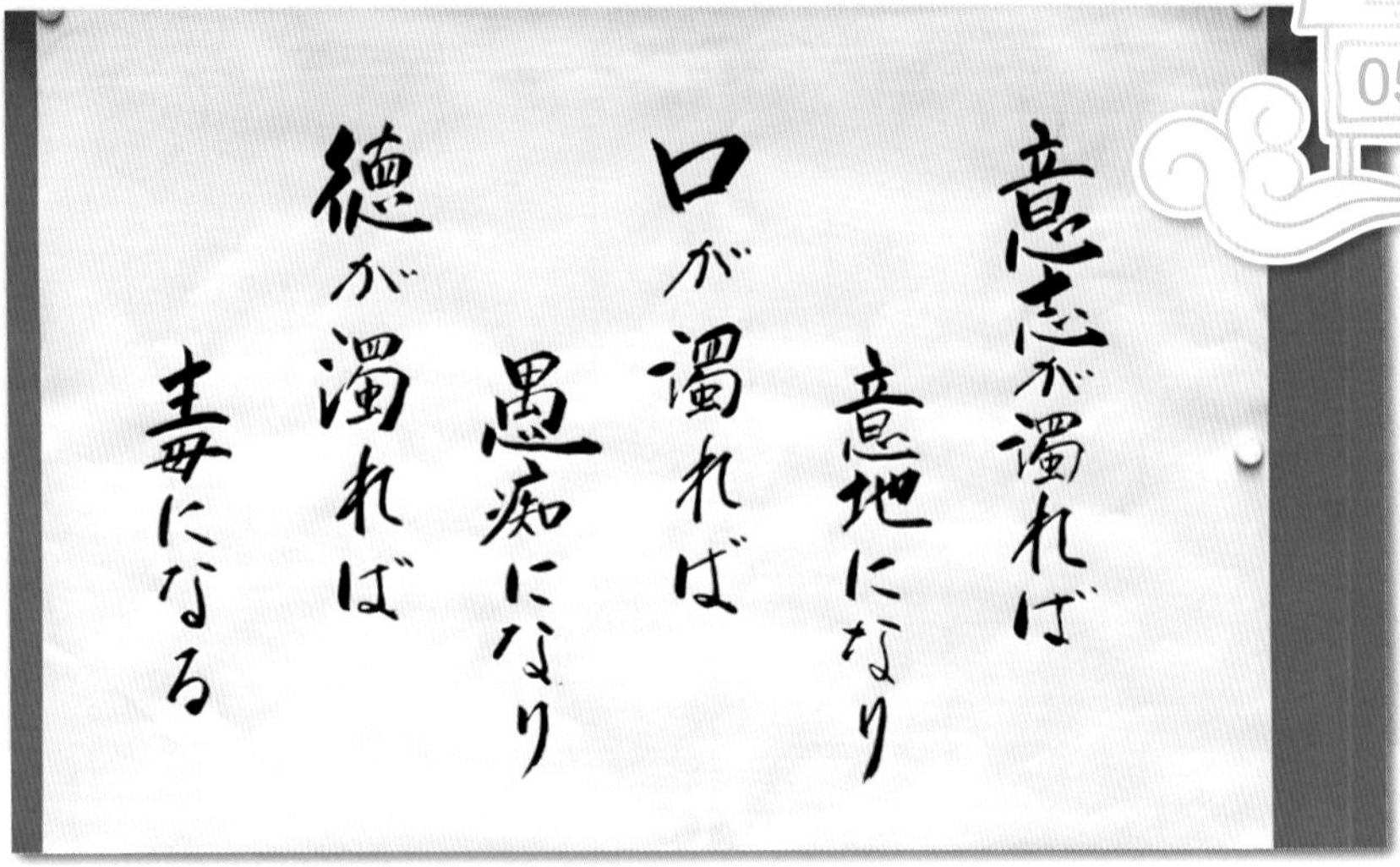

東京都／安楽寺

意志が濁れば意地になり　口が濁れば
愚痴になり　徳が濁れば毒になる

濁点が付いて音が濁《にご》るだけで、このように悪い意味の言葉へと変化します。これは文字だけの話ではありません。「時代」や「人間」も濁ると悪いものへと変化してしまいます。

『仏説阿弥陀経《ぶっせつあみだきょう》』の中に「五濁《ごじょく》」という言葉がでてきます。それは、「劫濁《こうじょく》」（戦争・疫病などの時代的な穢れ）、「見濁《けんじょく》」（邪悪な思想の流行）、「煩悩濁《ぼんのうじょく》」（貪り・瞋り・迷いがはびこる）、「衆生《しゅじょう》濁《じょく》」（人間の質の低下）、「命濁《みょうじょく》」（寿命の低下）を意味します。これらの「五濁」の濁りは末法《まっぽう》の世には避けがたいものとされています。

私たちが生きている現在の世界は果たしてどうでしょうか？　私はインターネット上でお寺の掲示板に関する連載をしていますので、ネットのコメント欄やSNSをたびたびチェックします。そこには他者への怒りにまかせた悪口や批判が溢れています。誰もが見ることができる公共のスペースであるにも関わらず、他者への悪口を発することに対しての慎みや恥じらいは、残念ながらほとんど存在しません。

「慚愧なき者は、人とせず、畜生《ちくしょう》とす」とは、『大般涅槃経《だいはつねはんぎょう》』の中の言葉ですが、その言葉からすると、厳密な意味での人間が少なくなってきていると言えます。よく考えると、「慚愧の念に堪えない」や「お恥ずかしいことでございます」などと言う大人を最近見かけなくなりました。「五濁」はこのようなところにも表れているのかもしれません。

　ところで、つい先日、昔の仏教史料を調査していたところ、史料の中に一九二八（昭和三）年発行の新聞の切れ端が挟んでありました。その記事の中で、仏教学者の高楠順次郎が「思想は刻々に悪化している。国民は日に日に堕落している」と嘆いていました。これは、いまから約百年前のことです。どの時代にも「五濁」が存在することを痛感しました。

親鸞聖人も自身が生きられた時代を「五濁がはびこる時代」であると捉えられました。そして、さまざまなものが濁った時代の中で『仏説《ぶっせつ》無量寿経《むりょうじゅきょう》』に示されているとおり、「如来如実《にょらいにょじつ》の言《みこと》」（お釈迦さまがおっしゃった阿弥陀さまのご本願）を依りどころにするしかないと「正信偈《しょうしんげ》」の中で示されています。

　私たちもこのお言葉を深く噛みしめながら、ご本願を依りどころにして、自身の姿を省みることが大切ではないでしょうか。

中国で話題になった日本のお寺の掲示板の言葉

二〇一八（平成三十）年十月、中国国内の情報を伝えるネットニュース「サーチナ」に興味深い記事が上がっていました。それは、「中国のネットサイト『今日頭条《ジンリートウティアオ》』で〈お寺の掲示板大賞〉が広く紹介されている」という記事でした。

　実際に中国のそのサイトを確認したところ、日本のお寺の掲示板の写真が複数アップされ、紹介されていました。おそらく日本在住の中国人の方が翻訳して、記事を書かれたのでしょう。そして、記事のコメント欄では「どの言葉が一番心に刺さったか？」について中国人同士が熱心に議論しており、それらを読む限り、「死ぬこと以外はかすり傷」という言葉が最も話題を呼んでいました。

　なぜ、中国ではこの言葉に人気が集まったのか？　二〇一九年に福建省での仏教シンポジウムに参加した際、コーディネーターを務めた中国人の方に質問してみました。

　現在、十四億の人口を抱える中国は、日本とは比べものにならないくらい激しい競争社会になっており、若い人は特に失敗が許されない風潮にあるそうです。「死ぬこと以外はかすり傷」という言葉は、プレッシャーを日々受けている若者たちにとって、勇気づけてくれるものなのではないか、というのが彼の見解でした。

　この言葉は、日本ではあまり話題になりませんでしたが、国民性の違いによって刺さる言葉は全く異なるということを、そのとき痛感しました。

小説や漫画の言葉

お寺の掲示板には、小説や漫画の印象的な言葉が引用されることがあります。今回は、多くの人びとにとって馴染みのある三作品（『スラムダンク』『サザエさん』『吾輩は猫である』）を選んでみました。

『吾輩は猫である』に関しては、広く人口に膾炙《かいしゃ》している文章をそのまま引用せず、少し改変したものになっています。このあたりの工夫が掲示伝道の面白さと言えるでしょう。

有名な作品の言葉が掲示されることによって、通りかかった人がその言葉を読んで「仏教とどのような関係があるのか？」と深く考えるきっかけとなるのです。

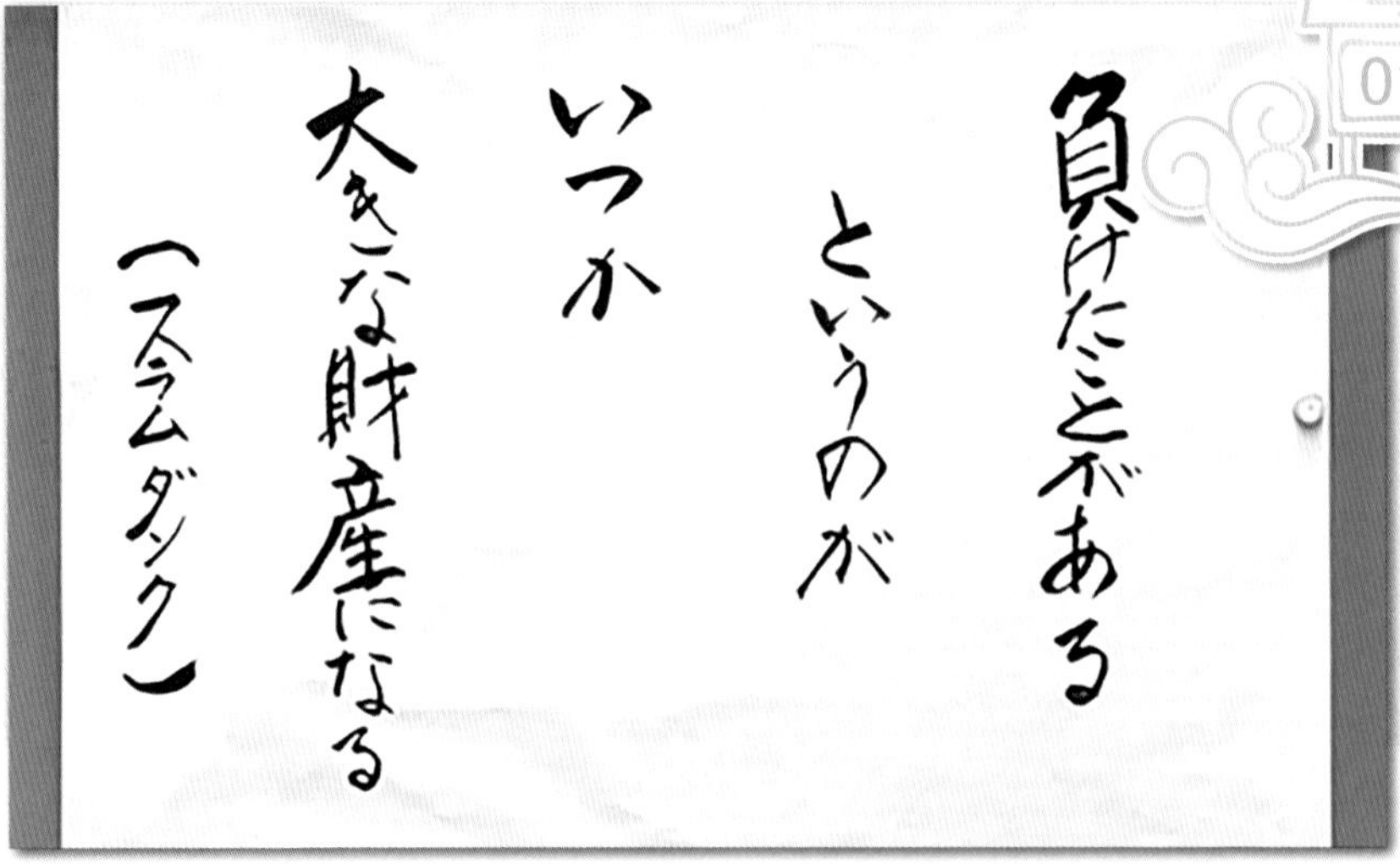
負けたことがある
というのが
いつか
大きな財産になる
〈スラムダンク〉

東京都／安楽寺

負けたことがあるというのがいつか
大きな財産になる

『スラムダンク』は、井上雄彦氏によるバスケットボールを題材にした大人気漫画であり、この言葉は、常勝を誇ったチームが逆転負けした際に、監督が選手にかけた言葉です。どんなチームやアスリートも常に勝ち続けることはできません。必ず負けるときがやってきます。

これは、私たちの人生にも共通していると言えるかもしれません。私たちは人生の中で「自分の思い通りになる＝勝ち」、「自分の思い通りにならない＝負け」とついつい単純に設定し、一喜一憂してしまいます。

二〇二〇（令和二）年以降、街中で「コロナに負けるな」という言葉をよく目にします。もちろん、「新型コロナウイルスの感染＝負け」というわけではありませんし、感染拡大によって沈滞した空気を吹き飛ばす意味が込められているのだとは思いますが、このような価値観に共鳴すればするほど、自身が感染したときの精神的ダメージは大きくなります。「コロナにかかる＝負け」という勝手に決めつけてしまった価値観が、自分自身を強く苦しめることになるのです。

お釈迦さまが「一切皆苦《いっさいかいく》（人生は思い通りにならない）」とおっしゃっているように、人生の中で「負け」（思い通りにならないこと）は必然です。そもそも、「負け」という概念は、人間が勝手に作り出した設定にすぎません。結局、人間は残念ながら老・病・死に勝てるわけがなく、どんな人でも最終的にはそれらに負けてしまう存在なのです。

ハードル選手として世界を舞台に活躍し、引退した為末大氏が、著書『走りながら考える』（ダイヤモンド社）の中で以下のようにおっしゃっていました。

> 僕の競技人生は、まさに「負けで終わった」けれど、幸せな人生だったと胸を張って言える。そう、負けと幸福感は別である。

仏教は、まさに「負けと幸福感は別である」ということを教えてくれます。負けの中から多くの気づきを得ることができれば、負けが単なる負けではなくなります。

このように単なる負けで終わらなければ、負けた自分自身を不幸だと決めつけることもなく、負けた経験がそれ以後の人生のかけがえのない財産になっていくのです。

02

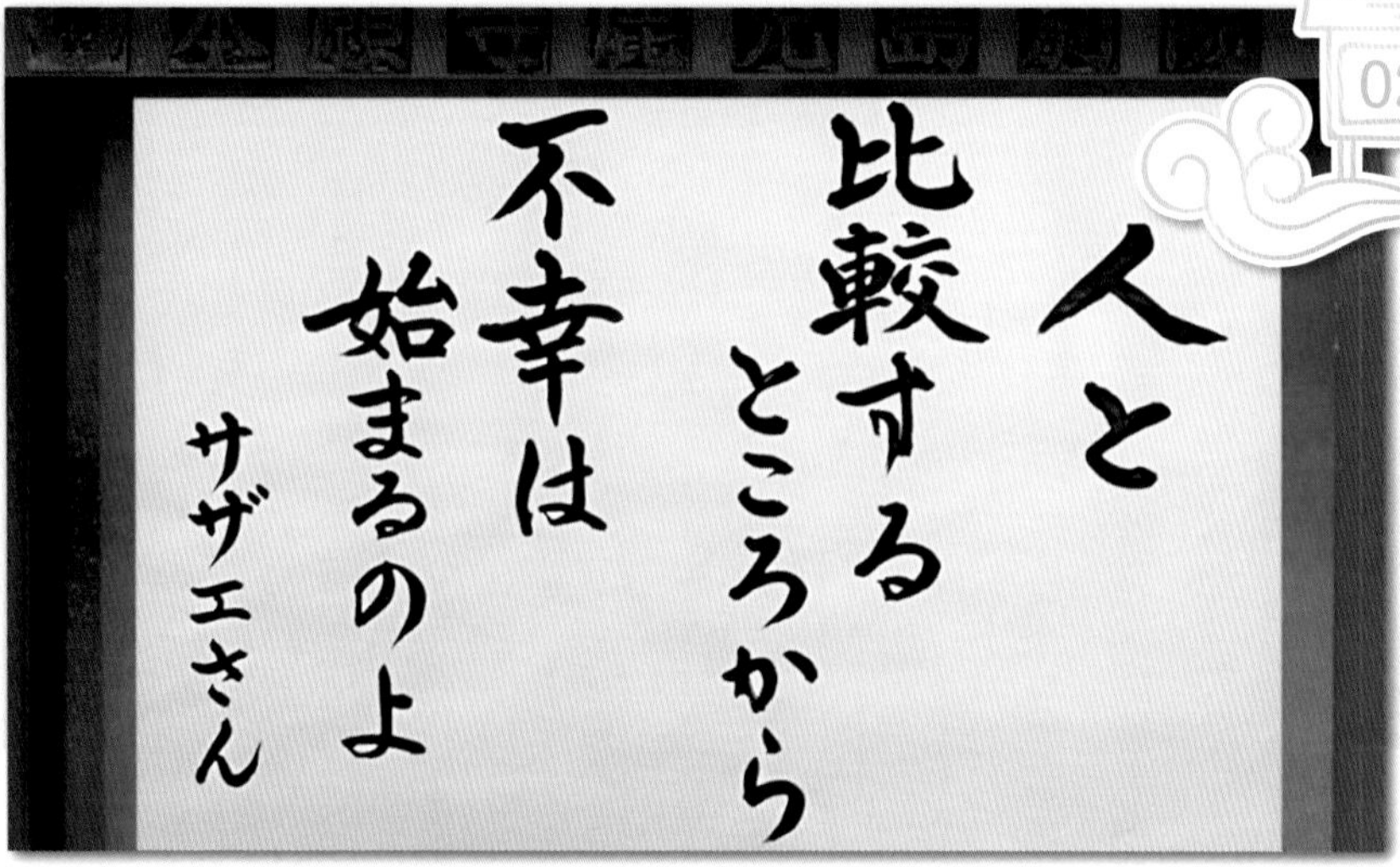
人と
比較する
ところから
不幸は
始まるのよ
サザエさん

鹿児島県／本願寺鹿児島別院

人と比較するところから不幸は始まるのよ

これは長谷川町子さんの漫画『サザエさん』の中で、サザエさんがタラちゃんにかけた言葉だそうです。

この言葉の意味するところを、わずか三歳のタラちゃんが理解できたかどうかはわかりませんが、人生経験を積むにつれて、このことが徐々にわかってくるのかもしれません。

二〇二〇（令和二）年にユニセフが発表した先進国の「子どもの幸福度」の調査結果によると、三十八カ国中、日本は身体的健康度では一位でしたが、精神的幸福度では三十七位でした。これは日本の多くの子どもたちが精神的ストレスにさらされていることを表しています。

また、国連が二〇二二年に発表した「世界

幸福度ランキング」によると、日本は五十四位。経済発展の面では上位にランクインする日本ですが、経済が個人の幸福にはあまり結びついていないということが、このランキングからよくわかります。

「幸福学」の第一人者である慶應義塾大学大学院の前野隆司教授は、「幸せ」と答える人たちの共通項を研究しています。その前野教授がインタビューの中で、「研究の結果、お金やモノ、地位など、他人と比較できるもので得られる幸せは長続きしないということがわかった」とおっしゃっていました。

これはとても興味深い指摘だと思います。確かに私たちは日常生活の中で、「比較できるもの（お金、モノ、地位）」を追い求め、それらを元に他者と比較し、劣等感や苦しみに苛まれることがたびたび起こります。

阿弥陀さまの視座からすれば、決して私たちひとりひとりを比較することはありません。「南無阿弥陀仏」のお念仏の中には、「あなたは他者とは比べられない尊い存在である」というメッセージや願いが強く込められています。つまり、私たちひとりひとりはみな等しく、阿弥陀さまからの救いたいという深い願いをかけられている存在なのです。

ですから、阿弥陀さまからかけられている私への温かい願いを毎日聞かせていただくことを通して、改めて自分や他者の尊さを認識させていただくことが大切ではないでしょうか。

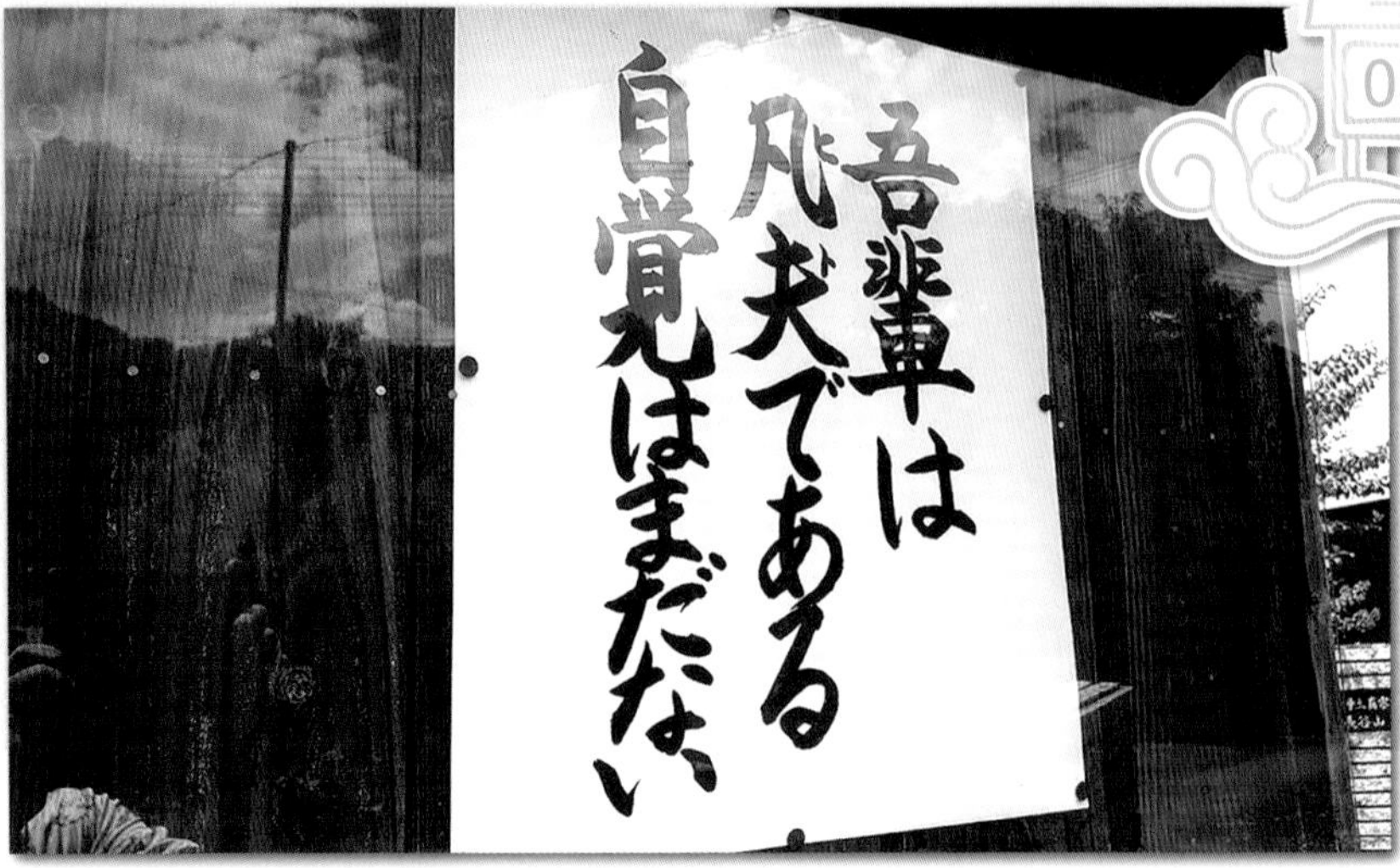

大分県／専光寺

吾輩は凡夫である　自覚はまだない

「凡《ぼん》夫《ぶ》」とは、愚かな人（愚者）や仏教教義の理解に乏しい人を意味します。親鸞聖人は「煩悩具足《ぼんのうぐそく》の凡夫」という言葉で表現され、「凡夫」は「欲望も多く、怒りや腹立ちやそねみやねたみの心ばかりが絶え間なく起こり、まさに命が終ろうとするそのときまで、止まることもなく、消えることもなく、絶えることもない」（『一念多念文意《いちねんたねんもんい》』趣意）とおっしゃっています。

私たちは表面上の態度で凡夫を自覚しているような振る舞いができても、心の中でしっかり自覚できていないことが非常に多いです。例えば、「愚か者ですみません」と謙遜して言った人が、相手から「そうですよね」と返事をされたら、間違いなく険悪な空気になるでしょう。表ではいくらでも謙遜できますが、内心に「凡夫の自覚」を持つことは大変難しいことなのです。

昔、京都の中央仏教学院という学校に通っていたとき、入学式で「君たちは愚かになって卒業してください」と言われたことを覚えています。普通の一般の学校だったら、賢くなることをめざすに違いありません。これは、「仏教を学ぶことによって、自分の愚かさを自覚できる人、見つめられる人になってください」という意味のメッセージだったのです。

多くの仏教関係者が仏教の教えを学ぶことの重要性を説きます。しかし、仏教に関する知識をいくらたくさん増やしたところで大きな意味はありません。教えを自分自身の問題として真剣に受け止められなければ、仏教を学んでも自身の愚かさを自覚できず、ただ小賢しくなり、調子に乗るだけです。

仏教ではさとってもいないのにさとったと勘違いした人のことを昔から「増上慢《ぞうじょうまん》」という言葉で表現してきました。そのような者には絶対になってはいけないと、強く戒めてきたのです。しかし、豚もおだてれば木に登るように、ついつい調子にのって、有頂天になってしまいます。「凡夫の自覚」とは、想像以上に困難なことなのです。

仏さまは、どんな人間も見捨てることはありません。み教えを通して、自身の愚かさと向き合い続けることによって、徐々に真実を見る目が開けていきます。結局のところ、「凡夫の自覚」とは、仏さまの大いなる願いに真に出会って、初めて生まれるものとも言えるのです。

なぜ中国で日本のお寺の掲示板のことばが刺さったのか？

中国のニュースサイトでは、掲示板大賞に関する記事が多数アップされており、記事の中には九百以上のコメントが付いているものも存在します。それらを見ていると、日本より中国のほうが「掲示伝道」が有効ではないかと感じるほどです。おそらく「掲示伝道」は、短い格言が大好きな中国人の気質にぴったりフィットしたのでしょう。

私は大学時代、中国思想を専門としている教授から「漢字文化圏」という言葉を教わりました。確かに、漢字を使用している国民同士には共通する価値観、習慣などが存在します。中国の人たちに「掲示伝道」の言葉が深く刺さったのは、「漢字文化圏」の影響が少なからず作用したからではないかと私は感じています。

以前、本願寺派のアメリカ・ハワイ・カナダ・ブラジルの開教使を対象にした研修会で、掲示伝道に関する講演をさせていただきました。

その際、欧米の人たちには、お寺の掲示板の言葉のニュアンスを伝えることは困難だろうというご意見をいただきました。私もドイツで六年間活動していましたので、その意見に深く首肯しました。言語の構造上、どうしてもうまく伝えることができないのです。

中国とは、「漢字文化圏」で生活してきた同士、共通していることが実はたくさんあります。そのような共通点を「お寺の掲示板」を通して発見できたことは、個人的に大変嬉しいことでした。

目に見えないもの

自分の目に見えるものだけを信じ、見えないものは信じない人が増えています。しかし、仏教では目に見えないものに関して数多くのことが説かれます。仏さま、先祖、浄土……。無数の見えないものに支えられながら、私たちは生きています。

慌ただしい生活を送っていると、目に見えないものへの想像力が失われていきますが、それらの存在を忘れてしまうと、人間はどんどん傲慢になってしまいます。ここからは、目に見えないものの存在に関連した掲示板を紹介させていただきます。

熊本県／明導寺

見えないものと闘った一年は
見えないものに支えられた一年だと思う

二〇二〇（令和二）年に放映されたカロリーメイトのCMの言葉です。二〇一九年の時点で、翌年から全世界の人びとがマスクをつけて生活しなければならなくなると予想した人は誰もいなかったでしょう。発生から三年以上経過した現在も、目に見えないもの（新型コロナウイルス）に私たちは翻弄され続けています。

現代社会の中で生きていると、目に見えるものだけを信用し、目に見えないものに対する想像力がどんどん失われていきます。自分がこれまでにどれだけ見えないものに支えられてきたかを、想像してみてください。例えば、いままで自分のために犠牲になったすべてのいのちを想像できる人は、おそらくこの世にいないでしょう。

私たちは、現在この瞬間も目に見えない多くのものによって支えられ、生かされています。そして、それらの多くを当たり前のものとして受け取りながら生きています。しかし、この世界のすべてのものは、当たり前ではなく、大変有り難いものなのです。

そして、目に見えない有り難いものの中には、「仏さまのお慈悲」も含まれます。「正信偈」の中には、「煩悩《ぼんのう》鄣《しょう》眼《げん》雖《すい》不《ふ》見《けん》　大悲《だいひ》無《む》倦《けん》常《じょう》照《しょう》我《が》」という言葉がでてきます。

これはつまり、「私たちは煩悩のはたらきによって、目で見ることができないが、阿弥陀さまのお慈悲は常に私を照らしている」ということです。これまでのお勤めの中で、おそらく何万回もこの文言をお唱えしていますが、忙しい生活を送っていると、ついついこの大事なことを忘れてしまいます。

以前、「仏さまに圏外なし」というお寺の掲示板の言葉がありました。仏さまのお慈悲は、携帯の電波が届かない地下にいようと、届かない場所はこの世界の中にありません。

蓮如上人は『蓮如上人《れんにょしょうにん》御《ご》一代《いちだい》記《き》聞書《ききがき》』の中で「いよいよ冥加《みょうが》を存《ぞん》ずべきのよしに候《そうろ》ふ」とおっしゃっておられます。

これは「目に見えない仏さまのおはたらきをますますありがたく思わなければならない」という意味で、支えられていることに対する感謝の気持ちが込められています。私たちも普段からお念仏を通して、目に見えないお慈悲を感じ、そのことに心から感謝できる人間でありたいものです。

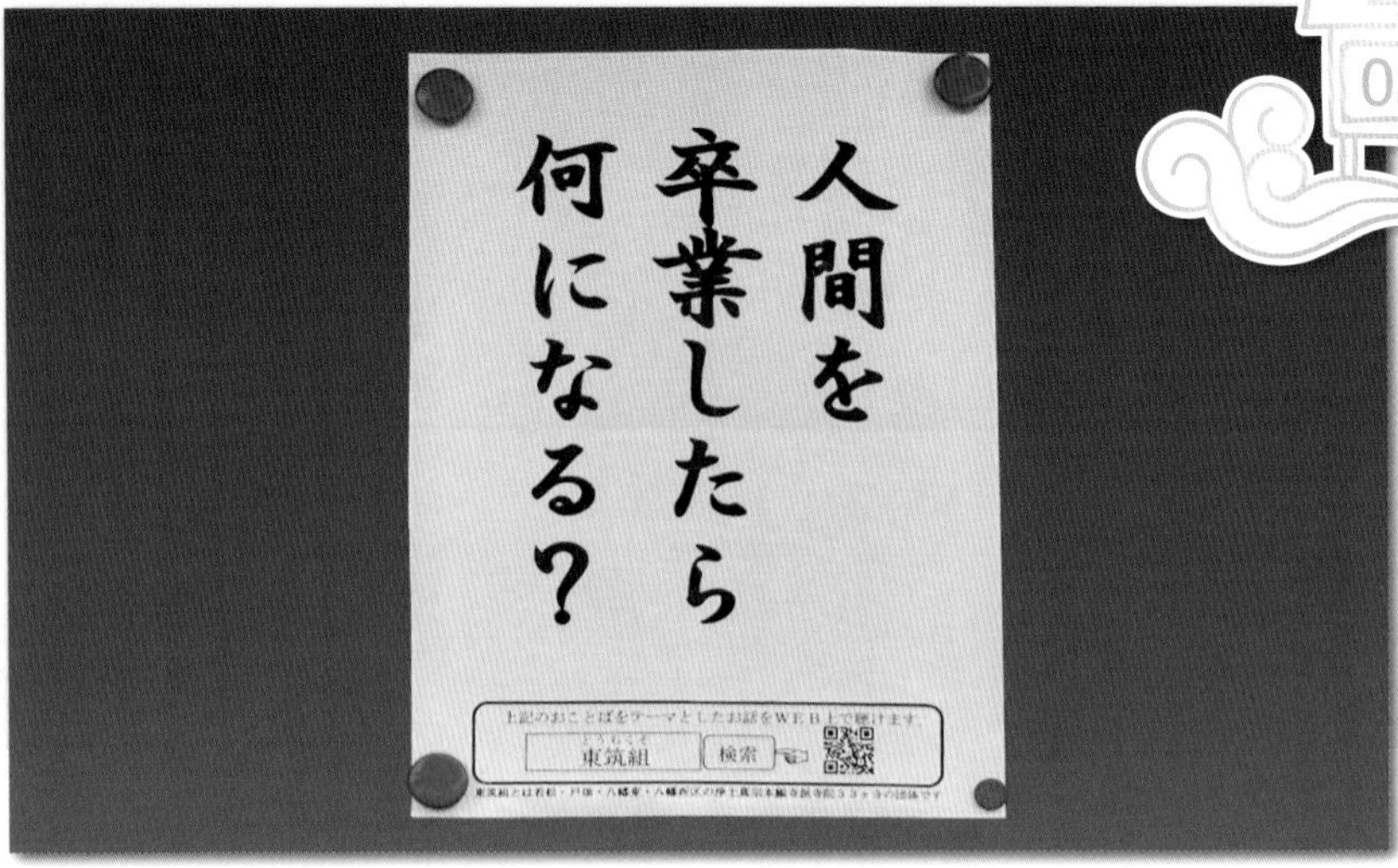

福岡県／東筑組

人間を卒業したら何になる?

近頃、「終活《しゅうかつ》」という言葉をよく耳にします。「終活」とは、人生の最期を迎えるにあたって自分自身の遺品を整理し、相続・お墓・お葬式などの準備を行うことを指します。

非常に多くの媒体で「終活」という話題が取り上げられていますので、実際に「終活」を行っている人もおそらく大勢いらっしゃるでしょう。

このような活動に励むことはもちろん個人の自由ですが、これは主に周囲に迷惑をかけないための経済的な準備であって、「死とどのように向き合うか？」ということに関する精神的な準備ではないという人が多いのではないでしょうか。

シニア生活文化研究所所長の小谷みどり氏が二〇〇四（平成十六）年に「死に対する意識調査」を行ったところ、四割以上の人が「死ぬことは恐い」と答えていました。このような調査結果を見ると、社会の中の半数に近い人びとが、死や死後に対して漠然とした精神的不安を抱えながら、それを覆い隠して普段の生活を送っていることがわかります。

残念ながら一般的な終活を行ったところで、「自分が死んだらどうなるか？」という不安は解消しません。『御文章《ごぶんしょう》』の中で、蓮如上人が「後生《ごしょう》の一大事《いちだいじ》」についておっしゃっています。この「後生の一大事」とはまさに「自分が死んだら（人間を卒業したら）どうなるか？」ということであり、それをごまかさずに意識せよと強く注意されているのです。

浄土真宗のみ教えを聞かせていただくと、死では終わらない世界があることを知らされます。この世界での縁が尽きる時、仏さまの世界に生まれさせていただく。つまり、死によって終わるのではなく、死によっても終わらない命があることを知らせていただくのです。

「仏《ぶっ》法《ぽう》には明日《あす》といふことはあるまじき」というのも蓮如上人のお言葉です。自分自身の命も無常であり、今生の終わりが一体いつ来るかは誰にもわかりません。「死んだ後、自分はどうなるのか？」。己の命の行方について普段からしっかり聴聞させていただくことが、真に必要な終活だといえるのではないでしょうか。

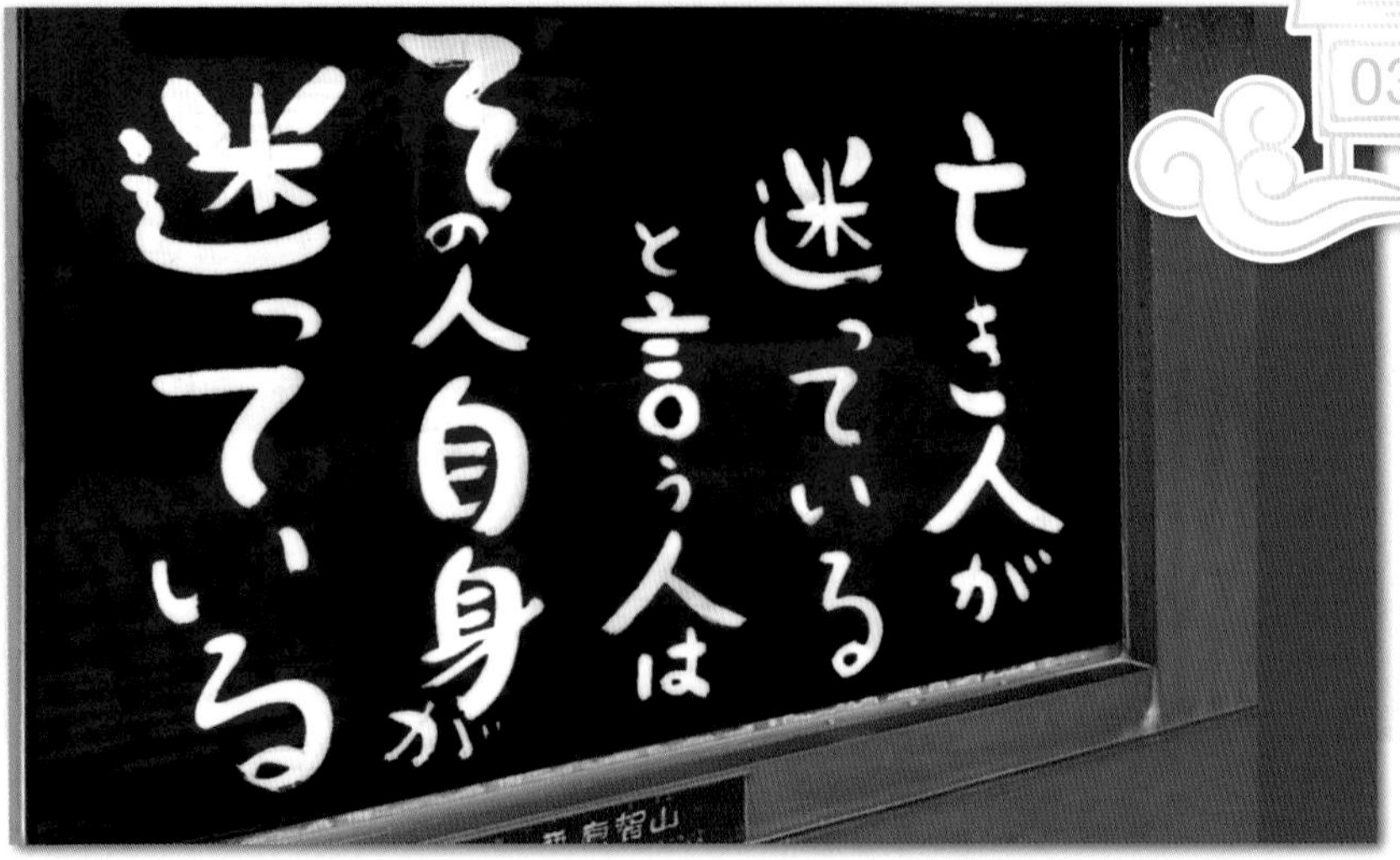

東京都／築地本願寺

亡き人が迷っていると言う人は
その人自身が迷っている

「亡くなった人は迷ってはいないでしょうか？」という質問はご葬儀の後などに時々あります。生前親しくされていた方の死後を案じるお気持ちは理解できますが、亡き人の迷いを把握し救うことなど、私たちにはできません。

それはなぜかというと、私たち自身が現在進行形で迷っている存在だからです。迷いの真っ只中にいる人間にとってまず大切なことは、亡き人を心配することより、まずは迷っている自分の状態をしっかり把握することです。

しかし、自分自身が迷っていることをはっきり自覚している人は、それほど多くないかもしれません。教育者であり、念仏者でもあった東井義雄《とういよしお》さんは、自分自身のことを次のように述べています。

「目をあけて眠っている人」、私もその一人でした。

煩悩から離れられない私たちは、まさに「目をあけて眠っている状態」であり、それとは対称的にお釈迦さまのことを「覚者《かくしゃ》（目覚めた人）」と表現します。そして、仏教は「目覚めの宗教」ともいわれます。

　つまり、仏教とは「自分と世界をあるがままに見つめるまなざしに目覚める教え」であり、その教えに触れることによって、自分自身の姿やさまざまなものをありのままに見ていなかったことに気づかされるのです。

東井義雄さんは聞法を重ねる中で、これまでずっと正しい、当たり前だと思っていたことが、全くそうではなかったことに気づかされました。みなさんは、自分が目をあけて眠っていることに気づいていますか？

私たちは煩悩を抱えているため、残念ながら世界のすべてのものを歪んだ形でしか見ることができませんが、そんな私たちを決して放っておけないのが阿弥陀さまであり、「南無阿弥陀仏」のお念仏を通して、「我にまかせよ、必ず救う」と喚《よ》び続けてくださっています。仏さまからかけ離れた存在である私が仏さまの国に生まれさせていただく。これはとても不思議なことですが、お念仏とともに生きる人間には「亡き人と出会う世界」が確かに存在しているのです。

　ですから、み教えを通して、自分自身の姿を今一度しっかり見つめ、お念仏とともに人生を歩ませていただきましょう。

タモリさんに刺さった掲示板の言葉（前編）

「お寺の掲示板大賞」が大きな話題となり、さまざまなメディアに出演させていただきました。その際、実に多くの芸能人の方とお寺の掲示板についてお話をする機会があったのですが、ここでは個人的に印象に残ったエピソードを紹介します。

それは、二〇一八（平成三十）年にテレビ朝日の「タモリ倶楽部」に出演させていただいたときのことです。このとき、タモリさんやみうらじゅんさんらに対して、私が「お寺の掲示板大賞」に投稿された掲示板を紹介する内容だったのですが、その中に「のぞみはありませんがひかりはあります　新幹線の駅員さん」（千葉県・本妙寺）という作品がありました。

最初、タモリさんから「全然意味がわからないんだけど、一体どういう意味なんですか？」と質問されました。

「これはもともと心理学者の河合隼雄《かわいはやお》さんの言葉で、私たちが希望を失くしても、仏さまの光は常に私を照らしていると、仏教的には解釈できるんです」とお話をしたところ、タモリさんが大きく頷かれていました。この言葉の意味や面白さが、大の鉄道好きでもあるタモリさんの心に深く刺さったのでしょう。結局その番組の中で、この言葉が一番深い言葉に選ばれました。

このとき、掲示板の言葉に対して簡単な説明を施すことによって、掲示板の言葉がより人の心に強く刺さるということを学ばせていただきました。

（後編（44頁）へ続く）

有名人の言葉

　ここからは有名人の言葉です。有名人の言葉の引用は、世間のマジョリティが知っているからこそ成立する部分があります。読む人にとっては、頭の中に既にその人の姿やキャリアなどがインプットされているので、普通の言葉よりも説得力があり、強く印象に残るのです。

　このような有名人の名言は、お寺の掲示板では定番とも言えます。今回は森光子、ジョン・レノン、伊藤忠兵衛など時代・国・性別・職業などバラバラな人たちの言葉を集めてみました。

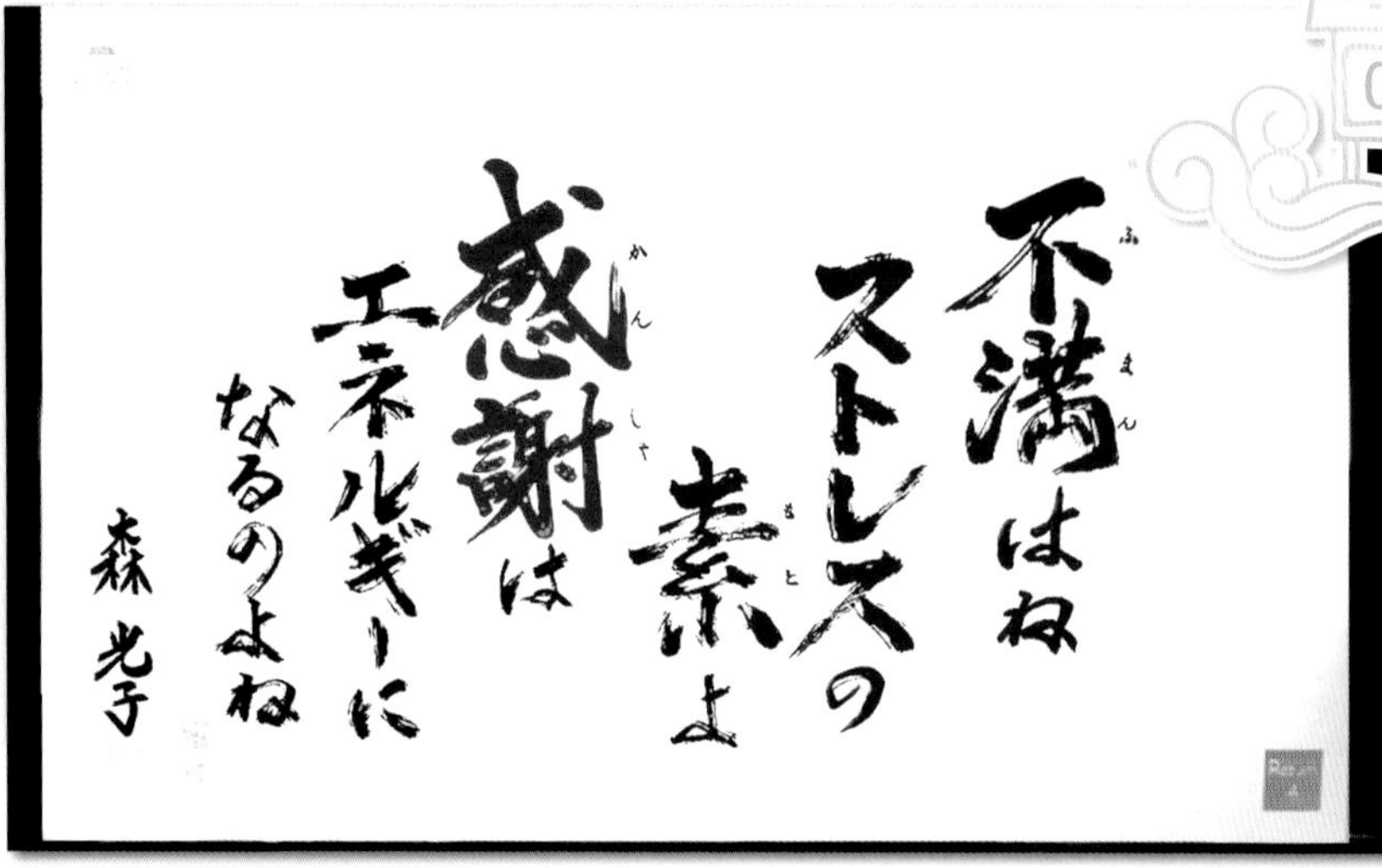

熊本県／明導寺

不満はね　ストレスの素よ
感謝はエネルギーになるのよね

日本を代表する女優だった森光子さん（一九二〇～二〇一二）の言葉です。私たちは感謝する時、「ありがとう」という言葉を発します。この言葉は、さまざまな説がありますが、仏教に由来しているとも言われています。『法句経』の中にある「ひとの生《しょう》をうくるはかたく　死すべきものの　生命《いのち》あるはありがたし」という一節がそれに当たります。

この説が正しければ、「ありがとう（有り難う）」とは本来、「命の貴重さや尊さに対して感動を表明した言葉」だったことになります。そして、それがいつの間にか感謝する際に用いられるようになったのです。

「有り難い」の反対は「当たり前」。日常生活を送っているとあらゆることが惰性に陥り、「当たり前」の存在になってしまいがちです。

例えば、「毎朝目が覚めること」は「当たり前」だと思ってしまいますが、朝になっても目が覚めず、そのまま亡くなる人もいます。だからといって、「目が覚めること」に対して「有り難い」と感謝し、感動を覚える人はほとんどいないのではないでしょうか。

しかし、「諸行無常」や「縁起」の理《ことわり》がはたらいている世界において、「当たり前」は一つもありません。すべては「有り難い」ことなのです。

仏さまの教えに触れることも、当たり前のことではありません。中央仏教学院では最初の講義の前に必ず「開講偈《かいこうげ》」を唱和していました。その中には「無上甚深微妙《むじょうじんじんみみょう》の法《ほう》は、百千万劫《ひゃくせんまんごう》にも遇《あ》い値《あ》うこと難《かた》し」という言葉があり、これは、仏さまのこの上ない素晴らしい教えに出遇うことは、貴重で有り難いことだということを意味しています。

私たちはいつもすぐに「当たり前」という錯覚を起こしてしまいます。そのような状態で仏法を聞いたところで、すぐに惰性となり、飽きが生じてしまいますが、この言葉を毎日唱和することによって、「当たり前」という間違った認識が正されていきます。

「世界のすべての事象は有り難い」。自分自身の現在の人生が退屈だと感じている人はこの認識が欠けているのかもしれません。

さまざまなものを有り難いものとしてしっかり捉えられれば、日常生活の中の些細なことにも感動が生まれ、そのようなところから人生の活力が生まれてくるのではないでしょうか。

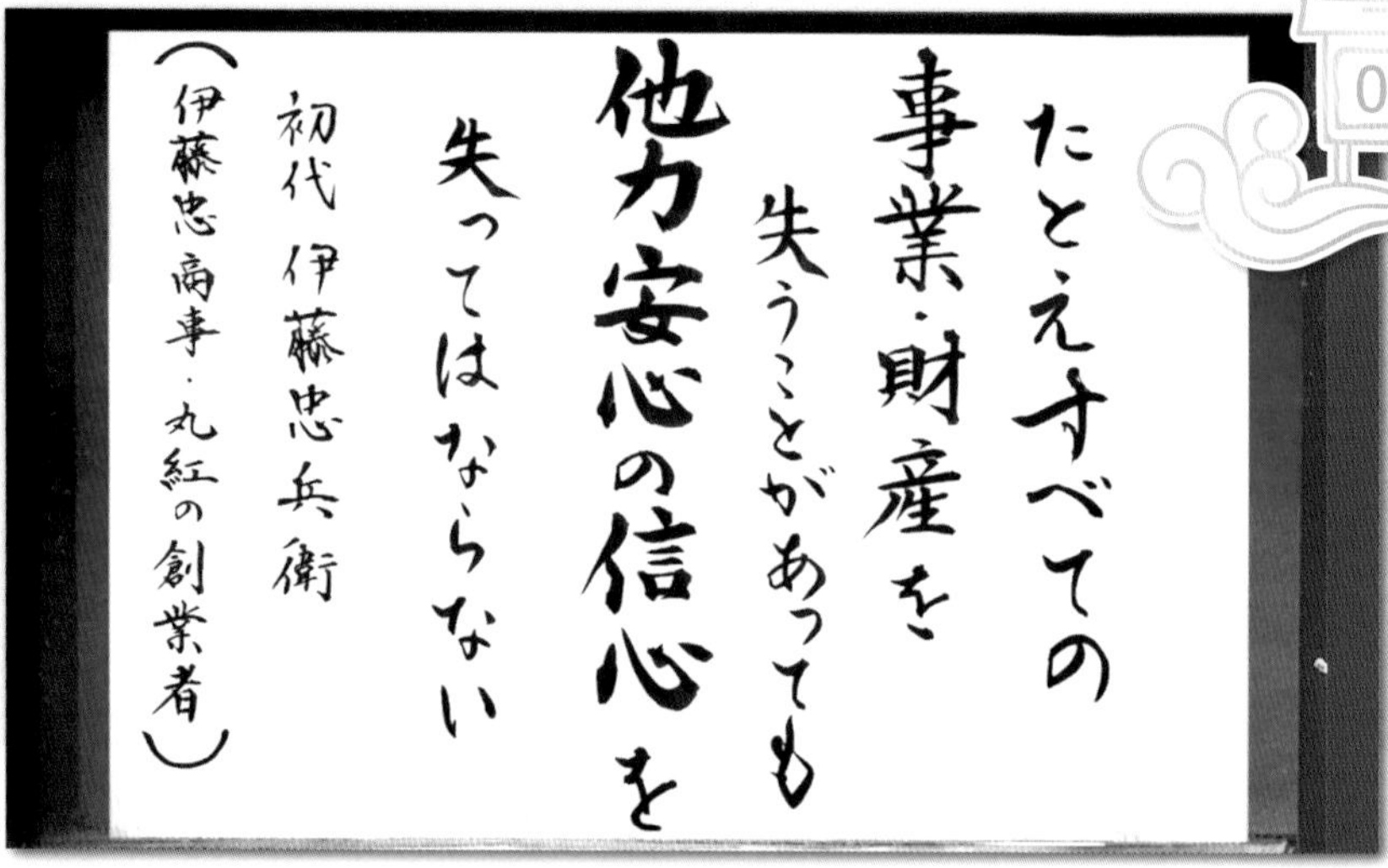

鹿児島県／鹿児島別院

たとえすべての事業・財産を失うことがあっても
他力安心の信心を失ってはならない

現在、日本を代表する企業になっている「伊藤忠商事」や「丸紅《まるべに》」の創業者である伊藤忠兵衛さん（一八四二～一九〇二）は、滋賀県犬上郡豊郷《とよさと》町に生まれました。そこは昔から浄土真宗の信仰の篤い地域であり、この掲示板の言葉からも「信心」を非常に大切にしていたことが伝わってきます。

忠兵衛さんは、「商売は菩薩《ぼさつ》の業(行)、商売道の尊さは、売り買い何れをも益し、世の不足をうずめ、御仏の心にかなうもの」という言葉を残しています。これが後に「三《さん》方《ぽう》よし」という有名な言葉となって、現在でも多くの会社経営の規範になっています。

忠兵衛さんは商いのために全国を巡っていて、そのなかで、萬行寺（博多）の七里恒順《しちりごうじゅん》和上と繫がりがありました。七里和上は甘露《かんろ》窟《くつ》という私塾で教育や布教に専念するなど、大変学識のある僧侶として知られています。お二人のやりとりは『七里和上言行録』（興教書院）に残っています。

「商売をしていると、欲などの多くの煩悩が起こるため、商売をやめて地元の滋賀に戻り、田畑を耕しながら仏法三昧の生活を送りたいと考えています」と忠兵衛さんが和上に伝えたところ、七里和上は以下のようにおっしゃいました。

「それはやめたほうが良い。確かに最初はお寺参りが容易になるが、農業をつづけることも煩悩を引き起こす機縁となる。商売をすると、確かにはげしい煩悩が起き、法義相続の妨げにはなるが、かえって刺激となり、逆に相続ができやすい。田舎に帰れば、激しく心も使わず、安楽に暮せるから、刺激が少なくなると同時に御喜びも起こりにくい」

現在は田舎にいようと、都会にいようと非常に多くの情報に触れることができます。そのような環境にいると、どうしてもストレスや激しい煩悩が起こりがちです。そんな私たちにとって、これは興味深い指摘かもしれません。

商いの分野で大きな業績を残した忠兵衛さんですが、もしこのような七里和上のアドバイスがなければ、農耕と仏法聴聞の生活を送り、いまの「伊藤忠商事」や「丸紅」はなかったのではないかと思います。

どんな生活を送っていても、「聞法」と「信心」が基本にある。このような姿勢を私たちも見習いたいものです。

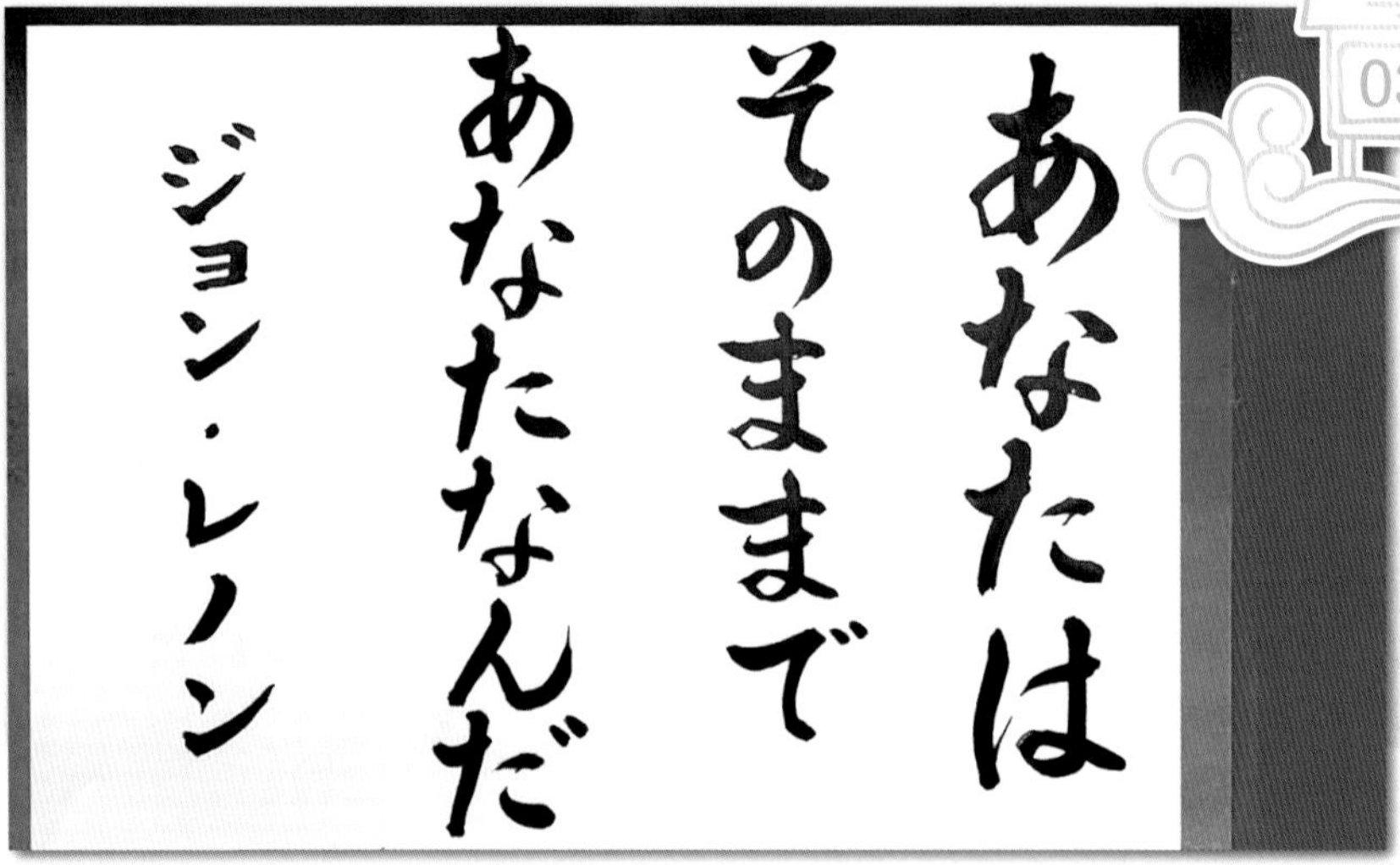
あなたは
そのままで
あなたなんだ
ジョン・レノン

鹿児島県／本願寺鹿児島別院

あなたは　そのままで　あなたなんだ

ビートルズのメンバーとして活動し、数々の名曲を残したジョン・レノン（一九四〇～一九八〇）。彼は素晴らしいメロディだけでなく、多くの名言をこの世に残しました。

みなさんはいまの自分に納得することができていますか？　近年、「ツイッター」、「インスタグラム」、「フェイスブック」などのSNSを利用する人が増加しています。それらは友人や知り合いのプライベートな情報を知ることができる大変便利な情報交換ツールです。しかし一方で、他者の充実した姿を毎日数多く目撃することによって、「自分は不幸な人間だ」と感じる人が増えているとの調査結果が出ているそうです。

これは、さきほどのサザエさんの言葉の正しさを証明しているといえるでしょう。他者に関する無数の情報に触れ、自身の現状に不安や不満を感じてしまう。これは情報化社会が生み出した一種の病と言えるかもしれません。お釈迦さまは「他人のしたこととしなかったことを見るな」とおっしゃっていますが、他者の情報が氾濫した現代社会の中で、それが非常に困難になっていることは間違いないでしょう。

阿

弥陀さまはたとえ私がどんな状況にあっても、「あなたはそのままであなたなんだ」と認めてくれます。「南無阿弥陀仏」のお念仏をとおして、「そのままのあなたを救う」のが阿弥陀さまのお救いなのです。

以前、宗教学者・釈徹宗師と随筆家・若松英輔さんの対談（講談社ホームページ）の中で、釈師は「なににもならなくていいいよ、おいで」という芸術家・内藤礼さんの作品に言及しつつ、以下のようにおっしゃっていました。

無条件に「おいで」と言ってもらえる世界がなければ、我々の生はあまりに過酷です。無条件に「おいで」と呼ばれる扉が開けば、この過酷な生を全うできる気がします。

承

認欲求を無限にかきたてる現在の社会システムの中で生きてゆくのは、困難を極めます。そのような状況の中で無理して背伸びをする必要はありません。あくまで他者は他者、自分は自分。「南無阿弥陀仏」のお念仏は、己への恥じらいと同時にいまの自分に納得してゆく力を与えてくれます。「おいで」と言ってもらえる世界は、聞法を重ねることによって開《ひら》けてくるのです。

タモリさんに刺さった掲示板の言葉（後編）

「タモリ倶楽部」の放映から二年が経った二〇二〇（令和二）年の出来事です。たまたまNHKの「ブラタモリ」という番組を観ていたら、タモリさんが奈良の明日香村を歩いていました。

そのとき、あるお寺の掲示板の前で突然立ち止まり、「いまお寺の掲示板が話題になっている」というお話をタモリさんがされていました。

そして、「私が好きな掲示板の言葉は、「のぞみはありません　ひかりはあります　新幹線の駅員さん」という言葉なんだよ。これは私たちがのぞみを失っても、仏さまの光は照らしているよという意味なんだ」とお話をされ、そのお話に女性アナウンサーや歴史研究者が感心しておられました。

その番組を見ながら、タモリさんが二年経過した後でも掲示板の言葉や解説をしっかり覚えていることを、非常に嬉しく思いました。

掲示伝道の醍醐味は「掲示板を読んだ人が伝道の当事者になる」ということではないかと思っています。短い言葉が記憶の中にとどまり続け、それがある日、口から飛び出してくるのです。

法話をたくさん聞いたところで、詳細を覚えることはなかなか難しく、またそれを他者に伝えることは困難ですが、短い一言ならそれは可能となります。心に深く刺さった言葉はどこかで誰かに伝えたくなる。このことをテレビ画面の中のタモリさんの姿を見て強く実感した次第です。

お念仏

最後は、浄土真宗の教えには欠かせない「お念仏」に関わる掲示板の言葉です。非常に重要なテーマであり、浄土真宗のお寺にとって、掲示板で最も伝えなければいけないことと言えるかもしれません。

現在、「お寺の掲示板大賞」を運営していることもあって、さまざまな宗派の掲示板の言葉を読む機会があります。宗派を超えて共通する言葉も当然ありますが、お念仏に関するものの中には、浄土真宗独特のものがたくさんあります。お念仏に触れた掲示板の言葉を、最後に二つ紹介させていただきます。

もっとも優しい言葉はその人の名を呼ぶことである

奈良県／浄林寺

もっとも優しい言葉は
その人の名を呼ぶことである

二〇二〇（令和二）年の春以降、新型コロナウイルスの影響で会いたい人になかなか会えない状況が続いていました。それに伴って、人の名を呼ぶ機会が急激に減ってしまったという方が大勢いらっしゃるかもしれません。

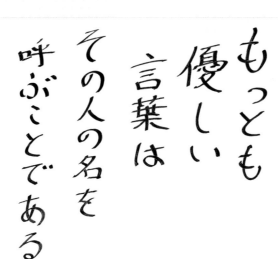

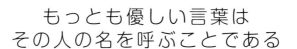

人間は自分の名前を呼ばれると、呼んでくれた人に対して親近感を覚え、ささやかな幸せを感じる習性があります。ですから、もし周囲の人びとに温かく応援してもらいたい場合は、人の名前を常日頃から丁寧に呼んであげることが大切なのだそうです。

昔、田中角栄という政治家がいました。彼はさまざまな人と会う際、巧妙に下の名前を聞き出して、その名前を呼んでいたというエピソードがあります。おそらく人間の習性をよく理解していたのでしょう。

毎年お正月に箱根駅伝が行われていますが、その中継の際、日本テレビのアナウンサーは二一〇人の出場選手を絶対に一度はフルネームで呼ぶことになっているそうです。それによって、選手本人はもちろん、テレビの前で応援している両親やおじいちゃん、おばあちゃんも、息子や孫の名前を聞いて嬉しくなります。このように、人の名を呼んであげることは非常にシンプルですが、誰にでもできる優しさだといえるでしょう。

浄土真宗では「南無阿弥陀仏」のお念仏をお称えしますが、それは「阿弥陀さまの名前を呼ぶこと」だと言えます。そして、それは同時に「あなたを絶対に救う」という「阿弥陀さまからの喚び声」でもあります。つまり、お念仏を称えることは、自分の優しさの表現というよりも「阿弥陀さまからの喚び声を聞き、阿弥陀さまの限りない優しさを感じること」と深く繋がっているのです。阿弥陀さまはたとえどんな時でも、私のことを常に心配して、温かく見守ってくださっています。

ですから、この世界で最も優しい言葉は「阿弥陀さまの名を呼ぶこと」、つまり、「南無阿弥陀仏」のお念仏だと言えるかもしれません。今後も何かの影響でなかなか人に会えない状況が発生するかもしれませんが、そのようなときこそ、ぜひ家の中で「南無阿弥陀仏」のお念仏をお称えしましょう。

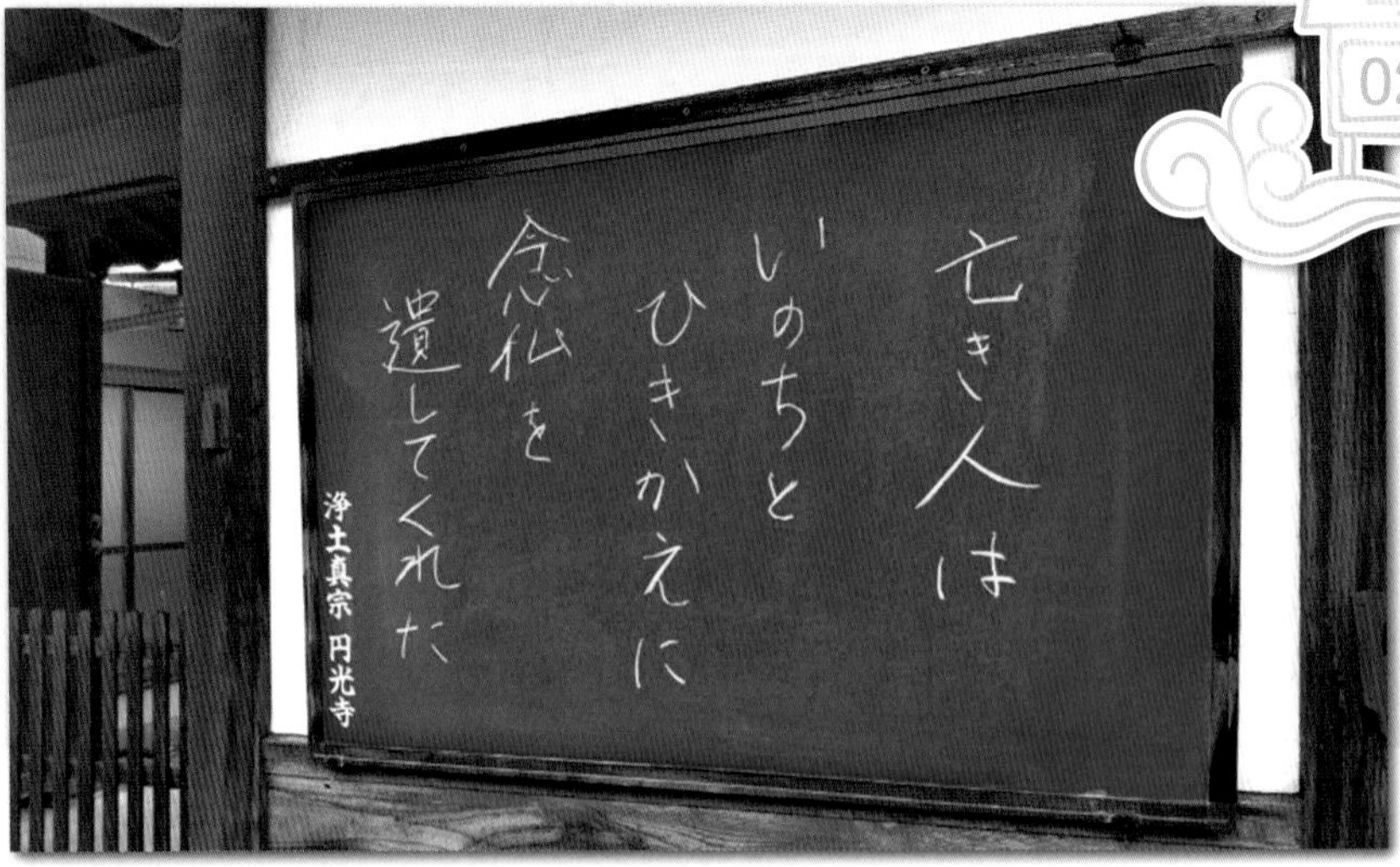

京都府／円光寺

亡き人は いのちとひきかえに 念仏を遺してくれた

私は、大学院で中国仏教を専攻していました。そのとき、ゼミの教授から「優れた論文をできるだけ数多く読みなさい」と言われ、塚本善隆教授の論文を薦められました。

塚本教授は京都大学で教鞭《きょうべん》をとられるほどの方でしたので、どの論文も学術的にしっかりしており、当時はその論文から多くのことを学ぼうと必死になっていました。

それから十年後、『仏音《ぶつおん》』（朝日文庫）という本の中に掲載された塚本教授のインタビューを読みました。論文ばかり読んでいた私は、塚本教授の人となりを知らなかったのですが、もともとお寺とは縁のない家に生まれ、「仏教に関心を持ったのは、全くの無学だった祖母の影響です」と答えておられました。

その祖母は、熱心な真宗門徒でどんなときでも常にお念仏を称え、「阿弥陀さまはいのちの親さまだから、必ず正信偈をお勤めしてから朝ご飯を食べましょう」と言うような人だったそうです。

小さい頃は、とにかくそれが嫌で嫌で仕方がなかったそうですが、大人になってからは行為自体に尊さを感じるようになり、「祖母を突き動かしていたのは何だったのか？」という興味が仏教の道へ入るきっかけとなったそうです。

それまで塚本教授の理知的な面しか知らなかった私にとって、それは非常に興味深いインタビューでした。

振り返ると、私自身も小さい頃、祖母が食事のときに隣で「なまんだぶ」とずっとお念仏を称えていたのを覚えています。そのときは、正直うるさいと思っていましたが、歳をとってから、一体あれは何だったんだろうと思い、それがみ教えを学ぶ一つのきっかけになったことは間違いありません。

前に生まれたものは、後のものをお念仏の道へと導き、後から生まれたものは、前に生まれた方にみ教えを尋ねていき、連なって途切れないようにしましょう。なぜならば、数限りない迷いの人々が残らず救われるためです。

道綽禅師《どうしゃくぜんじ》の『安楽集《あんらくしゅう》』のご文の解釈です。お念仏の教えは、多くの尊い先人のお陰で私のもとに届いてくださいました。これから先は、このみ教えが途切れないように私たちが伝え遺していきたいものです。

掲示板の言葉を使った新しい布教スタイル

「お寺の掲示板大賞」を運営している影響で、全国のさまざまなお寺の掲示板の言葉を読む機会がありました。それらの言葉を紹介する連載を長年させていただいているのですが、これらをスライドにまとめて法話をする試みを、二〇一九年から行っています。

ユニークな言葉、芸能人の言葉、心に刺さる深い言葉などを紹介しながら、このような言葉が仏教の教えとどのように関連しているのかを解説しつつ、法話を展開させていきます。掲示板の言葉は無数に存在するので、実にさまざまな展開が可能なのです。

これらの試みを、数多くの寺院や築地本願寺の銀座サロン、仏教系学校、イベントスペースなどで開催させていただきました。このスタイルでお話をすると、全く仏教の教義を知らない人でも興味をもってお話を聞いてもらえます。漫才法話など新たな形の法話が、最近話題になっていますが、布教にはそのような新しい工夫が必要ではないかと私は感じています。

現在、浄土真宗の教えにある程度精通している方は日本の人口の1パーセントにも満たないでしょう。残りの99パーセントの方々や外国人の方にどのように教えを伝えるのか？　それを真剣に考える時がきているのだと思います。もちろん地域性の違いなどもありますが、全くの初心者に聞いてもらうための話の入り口として、掲示板の言葉が一つの有効なツールになるのではないかと私は考えています。

魅力ある掲示板の作り方

さまざまな掲示板を取り上げましたが、どうすれば魅力的な掲示板を作ることができるかについて考えてみたいと思います。

いままでに一万以上の掲示板の言葉を読んだ中で感じたことを、自分なりにまとめてみました。もちろん、言葉への感性は人によってバラバラであり、同じ人でも置かれた状況によって、心に刺さる言葉は全く変わってきます。

この先、お寺の掲示板に言葉を書くことは絶対にないという方が大半かもしれませんが、何らかのメッセージを発信する際のヒントが含まれているのではないかと思います。もしよろしければ、ご一読ください。

魅力あるお寺の掲示板とは？

●掲示板の言葉の意味はほとんど正確に伝わっていない

「どのような言葉を掲示板に書くと、多くの人びとに伝わりますか？」という質問をよく受けます。このような漠然とした質問を受けるたびに困惑してしまうのですが、はっきりいって掲示板の言葉に正解はありません。

例えば、経典や宗祖の言葉をそのままの形で載せれば、原典どおりという意味では正確と言えますが、原典そのままの言葉では、たいていの人がその文言で伝えたいメッセージを理解できないという事態が生じます。

実際、掲示板の言葉に対するSNSでの反応を見ていると、言葉の正確な意味がほとんど一般の方々には伝わっておらず、誤解されているということがよくわかりました。一言で教えを伝えるということは、困難や危険を伴うことなのです。

また、寺院関係者が流行を追って、自信を持って狙って書いた言葉ははずれてしまうことが多く、逆に自信のない言葉が評価されることがたびたびありました。

毎年、掲示板大賞の受賞の連絡をさせていただくのですが、その際に「なぜこの言葉が選ばれたのですか？　これ以外の言葉のほうが個人的には気にいっているのですが……」と、住職さんたちから言われることが実に多かったことをよく覚えています。

自分が浅いと思う言葉を深くとらえる人がいますし、その逆もあります。つまり、他人の心などそもそも理解できないという認識をしっかりと持つことがまず大切です。そのことがわかっていれば、周囲の反応に過度に期待することなく、掲示伝道をコツコツ続けていくことができるのではないかと思います。

●読んだ人を伝道の当事者にできるか？

二〇一八（平成三十）年から「お寺の掲示板大賞」を運営しながら感じたことは、「心に刺さった言葉は誰かに伝えたくなる」ということでした。

仏教の真理を一言で見事に言い表した言葉がいままでにたくさんありました。また、それらの言葉に感銘を受けた人びとが、さまざまな場所でその言葉にまつわるお話をしているのを何度も目撃しました。先ほどのコラムで紹介したタモリさんは、良い例かもしれません。

掲示伝道の素晴らしい点は、短い言葉なので、どんな人でもその文言を簡単に覚えることができるところにあります。そのようにして覚えた言葉は、誰かに伝えたくなります。掲示板の言葉を覚えた人がその言葉を別の誰かに伝えることによって、その人自身が伝道の当事者になるのです。これが掲示伝道の最大の魅力と言えるでしょう。

伝道を行う主体は、決して僧侶だけではありません。現在、社会的に成功している大半のプロジェクトの共通点は、多くの人びとを当事者として巻きこんでいるところにあると言われています。掲示伝道においても、掲示板を読んだ人を伝道の当事者として巻き込むことができるかどうかが、一つの重要なポイントになるのです。

魅力ある掲示板の作り方

●筆文字の重要性

私たちが一日で接する情報量は、江戸時代の人間の一年分、平安時代の人間の一生分であるという話題を、先日、新聞で目にしました。どのようにそれを算出したかはわかりませんが、スマートフォンなどの普及により、日常的に触れる情報量が爆発的に増加していることは、間違いありません。

日常生活の中でそれだけ多くの情報に接している人に対して、教えに目を向けてもらうことは非常に難しく、言葉を読んでもらうだけでも、かなりの困難を伴います。当たり前のことですが、このことをまずしっかり認識する必要があります。

また、現在の私たちの目は印刷フォントの文字に完全に慣れているため、筆文字を見たときに強烈なインパクトや驚きを感じるということも覚えておきましょう。印刷フォント以外の文字に接すると、珍しいため、目が勝手に惹きつけられてしまうのです。

言葉を印刷して貼り出しているお寺の掲示板もありますが、どうしてもそれではインパクトに欠け、たとえ素晴らしい言葉であっても、素通りされてしまうことがあります。

掲示伝道の第一歩は、とにかく文字を読んでもらうこと。字に自信が持てないという方もいらっしゃるかもしれませんが、筆でできるだけ大きく書くことを心がけましょう。

●掲示板の言葉の選び方

「掲示板にどのような言葉を載せればよいのか?」と、頭を悩ませている寺院関係者の方が多いと思います。

お寺によって、掲示板の言葉は実にさまざまです。一般的なものとしては、お経の言葉や宗祖の言葉を、お聖教《しょうぎょう》から選んで書き出すことでしょう。

しかし、先ほども申しましたように、これだと大半の人にとっては難しく、理解できない事態が発生します。そして、わからない言葉だとそのまま記憶にも残らず、素通りされてしまいます。

わざわざ書いたのに素通りされてしまっては、言葉を掲示する意味がありません。ですから、個人的には経典や宗祖の言葉も含めたさまざまなジャンルの言葉を掲載することが大切ではないかと思います。

この本でも有名人の言葉や漫画の言葉などを紹介しましたが、現在そのような名言などは、インターネットで瞬時に検索することができます。また、「お寺の掲示板大賞」のホームページや「お寺の掲示板大賞」のツイッター・インスタグラムのハッシュタグを検索すれば、膨大な寺院の掲示板の言葉を見ることができます。これは十年ほど前には考えられなかったことです。掲示板の言葉探しで困っているという時には、このようなツールを積極的に利用して、参考にしてみると良いでしょう。

●言葉の選び方に関する注意

このように、掲示板の言葉を探すのは非常に簡単になりました。しかし、当たり前のことですが、掲示板に載せる言葉は、仏教の教えのどの部分に基づいているか、聖教のどの部分に基づいているかなどを説明できるものでなければなりません。

仏教の教えと関係のない言葉（個人的な思いなど）を掲示板に載せて話題になったところで、全く意味のないことだと私は思います。

また、お寺の掲示板に言葉を掲示するということは、インターネットが発達した今、写真に撮られて、世界中のどんな人にも見られる可能性があるということです。屋外に掲示するわけですから、書いたものを他人が勝手に拡散したところで、文句を言う事も止めることもできません。つまり、掲示板に言葉を掲示することは、非常に大きな責任やリスクを伴うのです。このことを忘れてはなりません。

ですから、「なぜ、その言葉を載せたのか？」を自分自身で仏教的に説明できないような言葉は掲示板に載せないようにしましょう。

また、近年掲示板の言葉が話題になることが多いですが、それはお寺がこれまでに築き上げた伝統や信用とのギャップによって起こっています。

お寺を支えてきた方々が読んでもがっかりされないだろうか？ という感覚も大切にしながら、掲示伝道を行うことが大切だと思います。

●説明書きを入れる

次に重要なことは、掲示板の言葉の意味を読んだ方に正確に伝えることです。

もちろん一言で意味が伝わる言葉もありますが、そうでないものがほとんどです。先ほども申しましたが、掲示板の言葉の真意は残念ながら読んでいる人びとにしっかり伝わっているとは言えません。

難しい仏教用語を通りかかった人に考えさせるところに大きな意味があると思っている方もいらっしゃるでしょう。確かにそれも掲示伝道の良さですが、多くの情報が氾濫する現在の時代、意味のわからない言葉は読んだ人の記憶からすぐに消えてしまう傾向にあります。

私は掲示板の言葉に対するSNSのコメントを読むことによって、ほとんど伝わっていないことを知りましたが、おそらく寺院関係者が想定する二〜三割ほどしか伝わっていないのが現状です。

この対策として、印刷した形でも良いので、掲示板の端っこにその言葉の意味や味わいのようなものを短く載せると良いでしょう。もちろん、言葉を読んだすべての人がその説明を読むわけではありませんが、言葉に関心を持たれた方は必ず掲示板の近くに来て読まれると思います。

言葉の意味が伝わらない限り、それが本当に伝わったということにはなりません。掲示板の一言でドキッとさせて、詳しくは解説をお読みくださいというような形で解説を読んでもらうというパターンも良いかもしれません。

人間は「なるほど!」と思うと、心の中の記憶に深く刻まれ、そのことを誰かに語りたくなります。読んだ人を伝道の当事者に巻き込むための工夫を、いろいろと施してみてはいかがでしょうか。

●掲示板とSNSの融合

私が企画した「お寺の掲示板大賞」は、インターネット上のツイッターやインスタグラムで開催されています。

現在、日本のツイッターのアクティブユーザー数は四五〇〇万人（二〇一七年十月時点）、インスタグラムのアクティブユーザー数は三三〇〇万人（二〇一九年三月時点）、日本人の多くの人がどちらかのSNSを利用していることになりますが、SNSを使った仏教の布教活動はこれまでほとんど行われてきませんでした。

おそらく「SNSでの布教などできるはずがない、そんなのは邪道だ」と思われる僧侶の方は大勢いらっしゃるでしょう。

しかし、好むと好まざるとにかかわらず、人間の生活スタイルは十〜十五年ほどの間で劇的に変化してしまいました。

電車やバスに乗って、周りを見渡してみてください。スマートフォンをのぞき込んでいない人を見つけるのが、難しいのではないでしょうか？

これは日本だけの現象ではありません。わたしは二〇一一〜一七年までドイツに住んでいましたが、ヨーロッパのどこの国に行ってもそのような状態でした。

スマートフォンを見ている時間が近年爆発的に増加しているわけですから、その時間の中で、どのように仏教の教えに触れてもらうことができるかを、現代の仏教者は考えなければならないのではないでしょうか？

●SNSの活用法

先ほども述べましたが、筆文字の言葉は、スマートフォンの画面で読んでも非常にインパクトがあり、思わず目にとまります。ですから、掲示板の写真を撮って、ネット上のSNSに投稿すると、より多くの人たちに読んでもらう機会が拡がります。

その際に、必ずその言葉の意味などをコメント欄に一言書き加えましょう。その言葉や教えに共感する人が現れれば、「いいね」や「リツイート」のボタンが押され、インターネットの世界の中に教えが拡散されていくことでしょう。

また、ハッシュタグ（#お寺の掲示板大賞2023、#お寺の掲示板）をつけてツイッターやインスタグラムに投稿すると、それに注目している人が複数いるため、さらに多くの人に読んでもらえる可能性があります。

さきほどのコラムの中で、中国でも「お寺の掲示板大賞」が話題になっているということに触れましたが、このようなハッシュタグをつけてSNSに投稿すれば、ひょっとすると中国の人たちにも、掲示板に書いた言葉が翻訳されて届く、ということが起こるかもしれません。

●ホームページやブログの活用

お寺のホームページやブログを開設し、掲示板の言葉にちなんだ法話を載せるのも良い試みだと思います。

現在、お寺の掲示板にQRコードを貼り付け、そのコードをスマホで読み取ると、掲示板の解説が書かれているページが出てくるという仕掛けを行っているお寺さんもあります。

今後、お寺の掲示板とインターネットを融合させた布教が、ますます盛んになって発展していってほしいと切に願っています。

お寺の掲示板のことばの著作権の問題

●著作権について

「お寺の掲示板のことばの著作権はどのようになっているのですか？」という質問をよく受けます。

最近は、有名な歌の歌詞や芸能人・偉人の言葉などを載せる掲示板が数多くあり、著作権に関する法的問題が発生するのではないかと気にしている方も多いようです。

日本の歌の歌詞は、大多数がＪＡＳＲＡＣ（一般社団法人日本音楽著作権協会）によって管理されています。例えば、書籍の中に歌詞の一部を引用する際にも、ＪＡＳＲＡＣに申請をして使用料を支払います。このように歌の歌詞は厳格に管理されていますので、お寺の掲示板に歌詞を勝手に引用するのは、極力控えたほうが良いでしょう。

芸能人や有名人の言葉（名言）を使用することに関してですが、いままでこれによって法的な問題が発生したことはほとんどないようです。

ただ、法的な問題を起こさないためには、引用元を示すことと改変を加えないこと、それについてのコメントや意見を明記することを心掛けましょう。

●引用のルール

学生時代、レポートや論文を書く際にさまざまな著書から引用された方は多いと思いますが、そのときわざわざ著者に直接連絡をした方は、おそらくいないでしょう。なぜそれが可能かというと、法的に「引用」というルールが存在するからです。

「引用」の条件を満たすためには、出所が明示されている、自身の論と明確に区別されている、主従の関係があるなど、いくつかの細かいルールが存在します。

そのような点を踏まえると、引用元（有名人や偉人の名前）を書くだけでは、「引用」のルールを満たしたことにはなりません。

先ほど、掲示板の言葉に関して説明や自身の感想（味わい）があったほうが良いということを述べましたが、これは読んだ方への配慮という点からだけでなく、実は著作権の問題をクリアするという点からも非常に重要なことなのです。ですから、有名人の言葉などを引用する際は小さくても構いませんので、自身のコメントを掲示板に載せると良いでしょう（「お寺の掲示板大賞」の投稿の際も自身のコメントを明記することが、第一回目からのルールとなっています。これも、著作権の問題をクリアするために、設けられたものなのです）。

●他の寺院に対するマナー

また、現在さまざまなお寺の掲示板の言葉がインターネット上にあがっています。それらの言葉を使用する際は、どこのお寺の掲示板に書かれていたという出典元をできるだけ明示するようにしましょう。これはルールではありませんが、もともとその言葉を書かれたお寺さんに対する最低限のマナーではないかと、私は思います。

今後はルールとマナーをしっかり守って、掲示伝道を行っていきましょう。

あとがき

「お寺の掲示板大賞」が始まって、五年が経ちました。この五年間での私自身の最大の発見は、マスメディアでお寺の掲示板は非常に取り上げやすく、掲示板の言葉を媒介にすれば、どんなマスメディアでも仏教伝道が可能であるということでした。実際にＮＨＫ「あさイチ」やＴＢＳ「ゴゴスマ」など、数多くの情報番組やバラエティ番組に出演し、「お念仏」や「縁起」などさまざまな教えについて語らせていただきました。

本来、公共の放送の中で仏教の教えを語ることは非常に困難です。では、なぜそのように教えを説くことができたのでしょうか？　掲示板は基本的に屋外に設置されているメディアであるため、他のマスメディアも気軽に取り上げることが可能であり、公共の放送では掲示板の言葉とその意味を正確に伝えなければならないため、その解説を通してマスメディアでの仏教伝道が可能となったのです。これは個人的に大変興味深い発見でした。

多くの寺院関係者にとって、現在でも掲示板は門前にある当たり前のものに過ぎないかもしれません。しかし、寺院関係者以外で「掲示板」を個人的に所有している人はおそらくおらず、掲示板は社会的に希少価値のあるものなのです。実はこの希少性が重要であり、現代の時代においてSNSと組み合わせることによって、大きな効果を発揮します。

インターネットを使って、誰でも情報を発信できる時代になりましたが、掲示板を使って情報発信できる人はかなり限られています。これまでは寺院内での伝道ばかりに目が行きがちでしたが、屋外のオープンな場所に設置されている掲示板の重要性とそこでの伝道の大きな可能性に気づいていただければこれほど嬉しいことはありません。

この本を制作するにあたって、お寺の掲示板の写真を提供してくださった寺院関係者の皆さまに厚く御礼を申し上げます。皆さまが書かれた素晴らしい作品がなければ、決してこの書籍が完成することはありませんでした。そして、私自身、それらの掲示板の言葉を読むことによって、み教えの広さや深さを改めて学ばせていただきました。誠にありがとうございました。本書を通じて、一人でも多くの方がたが仏教のみ教えやお寺の掲示板に興味を持つきっかけとなれば幸いです。

二〇二三年四月

江田　智昭

■著者プロフィール■

江田　智昭（えだ ともあき）

1976年福岡県北九州市生まれ。浄土真宗本願寺派僧侶。早稲田大学社会学部・第一文学部東洋哲学専修卒、文学研究科（東洋哲学専攻）中退。2007年より築地本願寺の一般社団法人仏教総合研究所事務局勤務。2011〜2017年、デュッセルドルフのドイツ恵光寺に駐在。2017年８月より公益財団法人仏教伝道協会に勤務。著書に『お寺の掲示板』（新潮社）等がある。「輝け！お寺の掲示板大賞」の企画立案者。

お寺の掲示板入門

2023年６月１日　初版第１刷発行
2023年10月20日　　第２刷発行

著　者　江田　智昭

発　行　本願寺出版社

〒600-8501　京都市下京区堀川通花屋町下ル
浄土真宗本願寺派（西本願寺）
TEL. 075-371-4171　FAX. 075-341-7753
https://hongwanji-shuppan.com/

印　刷　株式会社アール工芸印刷社

定価はカバーに表示してあります。

KR02-SH2-①01-32